VORWORT

Im Alter von etwa sechs Jahren erhielt ich mein erstes Terrarientier - einen Rotkehlanolis. Ich war sehr stolz auf meinen kleinen Pflegling, der in einem 20 Liter großen Aquarium sein neues Zuhause gefunden hatte. In unserem Garten stach ich ein kleines Rasenstück aus, das gerade die Hälfte des Behälters ausfüllte; die andere wurde von einem Wasserteil eingenommen. Das Aquarium war mit einer transparenten Scheibe abgedeckt, verfügte jedoch über keine Beleuchtung.

geringste Wissen über diese Tiere, und meine Ignoranz (wenn man bei einem Sechsjährigen überhaupt davon sprechen kann) mir solches anzueignen, kostete den kleinen Kerl sein Leben. Seitdem sind viele Jahre vergangen und ich hoffe, daß mein inzwischen gesammeltes Wissen andere vor solchen Fehlern bewahren kann.

Dieses Buch richtet sich nicht an die Experten oder Veteranen in der Terraristik, sondern an die vielen jungen Terrarianer, die ihre ersten Gehversuche auf diesem Gebiet

Rotkehlanolis sind auf eine artgerechte Terrarienhaltung und Ernährung angewiesen.
Foto: Elaine Radford

Anfangs war meine kleine Echse sehr lebhaft. Ich fütterte sie mit Fliegen, die ich im Garten fing und mit Regenwürmern, die sie aber nicht fressen wollte. Das Rasenstück in dem Aquarium hielt sich immer nur wenige Tage, nach denen es regelmäßig braun und durchnäßt war, so daß es ausgetauscht werden mußte. Und meine Eltern waren gar nicht begeistert über die sich rasch vermehrenden kahlen Stellen in ihrem so sorgfältig gepflegten Rasen.

Ich nahm meinen kleinen Anolis oft aus seinem Becken heraus und spielte mit ihm, denn ich war der festen Überzeugung, daß er so richtig zahm werden würde. Eines Morgens dann, völlig unerwartet, lag er tot in seinem Aquarium, und für mich brach meine kleine Welt zusammen - was hatte ich denn falsch gemacht?

Genaugenommen hatte ich so ziemlich alles falsch gemacht, und das Wissen darum war dann später auch der Anlaß zu diesem Buch. Zu dem Zeitpunkt, als ich meinen ersten Anolis bekam, hatte ich nicht das

vielleicht auch mit einem Rotkehlanolis beginnen. Vielleicht fehlt ihnen, genau wie mir damals, das Wissen um die Bedürfnisse dieser kleinen Echsen, und eventuell kann dieses Buch ihnen bei der Gesunderhaltung helfen und bittere Erfahrungen verhindern.

In jedem Jahr werden zahllose Anolis in den spezialisierten Zoogeschäften verkauft, von denen eine ziemlich hohe Prozentzahl nach nur kurzer Zeit - oder sogar noch im Geschäft - stirbt. Das muß nicht sein, denn ausreichende Informationen, wie in diesem Buch verständlich vermittelt, sind der Schlüssel zur Erhaltung von Leben. Anolis sind faszinierende und dankbare Pfleglinge, die einem vielleicht den Weg in die Schönheit der Reptilien- und Amphibienwelt eröffnet. So mancher Terrarianer hat seine Laufbahn mit einem Rotkehlanolis begonnen und ist heute ein erfahrener Pfleger prachtvoller Schlangen, farbenprächtiger Frösche, interessanter Schildkröten oder anderer reizvoller Tierarten, die in der

Terraristik ihre Liebhaber gefunden haben. Rotkehlanolis und ihre Verwandten haben schon seit vielen Jahrzehnten einen festen Platz in der Terraristik, von dem sie auch bis heute nicht verdrängt werden konnten. Obwohl sie nach wie vor mit dem Ruf behaftet sind, das ideale Anfängertier zu sein - was ja zweifellos zutrifft - so gibt es doch auch eine Reihe von erfahrenen Terrarianern, die sich der Faszination von Anolis nicht mehr entziehen konnten. Als Experten in der Anolispflege und erfolgreiche Züchter selbst seltener Arten sind sie der Beweis dafür, daß Anolis nicht nur für den Anfänger ideale Pfleglinge sind. Eingehende Beobachtungen der Tiere und ihres Verhaltens im Terrarium, das Stu-

dieren möglichst aller Literatur, die man über sie erhalten kann und der Kontakt mit erfahrenen Pflegern und terraristischen Vereinen verhelfen zu den benötigten Informationen. Das Ziel eines Terrarianers sollte nicht nur die Gesunderhaltung, sondern darüber hinaus auch die Vermehrung seiner Terrarientiere sein, denn nur diese kann als Rechtfertigung einer Haltung von Wildtieren Anerkennung finden.

Dieses Buch soll die nötigen Hinweise und Informationen für eine gezielte Auswahl, artgerechte Haltung, erfolgreiche Vermehrung und über Erkrankungen von Rotkehlanolis vermitteln, damit der Pfleger recht lange seine Freude an diesen kleinen Echsen hat.

FACHWORTVERZEICHNIS

Akklimation - Eingewöhnungsphase, die am besten in einem Quarantänebecken durchgeführt wird.

arboricol - kletternd auf Bäumen oder in Sträuchern lebend.

Autotomie - Fähigkeit, zur Selbsterhaltung Körperteile (wie den Schwanz) aufgrund eines äußeren Reizes abwerfen zu können.

diurnal - tagaktiv.

Herpetologie - Lehre von den Amphibien und Reptilien.

Hygrometer - Meßgerät zur Feststellung der Höhe der Luftfeuchtigkeit.

Kehlfahne - auch Kehllappen genannt; ein Hautlappen, der vom Unterkiefer bis zum Brustbein reicht und durch Spreizen des Zungenbeines aufgestellt werden kann. Oftmals leuchtend gefärbt, dient er den Männchen bei der Partnerwerbung und zur Revierverteidigung.

"Kopfnicken" - Territorialverhalten der Männchen; schnelles "Nicken" mit dem

Kopf mit aufgestellter Kehlfahne, in welches oftmals auch der Vorderkörper einbezogen wird.

Parietalschilder - Parietalia; große, mindestens paarig vorhandene Kopfschilder hinter dem Stirnbein und den oberen Augenschildern.

Photoperiode - von der herrschenden Jahreszeit und dem betreffenden Gebiet abhängige Tageslichtdauer.

Pinealauge - Auch Pinealorgan oder Parietalauge genanntes "Stirnauge". Ein rudimentäres, teilweise lichtempfindliches "Organ" unter den Parietalschildern, das bei verschiedenen Echsen zur Auslösung von Aktivitäts- und Ruhephasen beiträgt.

Protozoen - Einzellige Lebewesen, von denen einige als Innenparasiten (Endoparasiten) fungieren.

UV-Licht - Ultraviolettes Licht; Bestandteil des natürlichen Sonnenlichts und zur Synthese von Vitamin D_3 im Organismus einer Echse wichtig.

Anolis sind Reptilien. Sie haben eine schuppige Haut, und die Weibchen legen hartschalige Eier. Durch ihre Hautstruktur, ihren Körperbau und ihre Fortpflanzungsbiologie unterscheiden sie sich deutlich von den Amphibien, die einen niedrigeren Rang im Klassifikationssystem aller Lebewesen einnehmen. Die Lehre von den Amphibien und Reptilien wird wissenschaftlich Herpetologie genannt.

Reptilien werden oftmals als Kaltblüter bezeichnet, was jedoch nicht korrekt ist. Sie sind vielmehr wechselwarme (ektotherme oder poikilotherme) Lebewesen, deren

Organismen für verschiedene Körperfunktionen genutzt wird. Zu ihnen zählen das Wachstum, die Bewegungsfähigkeit und die Fortpflanzung sowie die Fähigkeit vieler Tiere, sich während der kalten und nahrungsarmen Wintermonate von Energiereserven zu ernähren und über Monate ohne Futter auskommen zu können. Warmblüter nutzen einen Großteil der aufgenommenen Energie zur Erzeugung von Körperwärme. Dadurch können sie zwar zu jeder Tages- und Nachtzeit und überall aktiv sein, jedoch bleibt erheblich weniger Energie für die anderen Körperfunktionen übrig.

Reptilien erreichen ihre Aktivitätstemperatur durch Sonnenbäder, also mittels der Wärmewirkung von außen und verwenden die aus Nahrung umgesetzte Energie für andere Zwecke. Die Aktivitätstemperatur von Reptilien liegt interessanterweise bei einem optimal aufgeheizten Körper nur wenig unter der mittleren Körpertemperatur von Säugetieren. In den Nächten oder während Schlechtwetterperioden versuchen Reptilien nicht wie Säugetiere, durch den Einsatz von höheren Energiemengen ihre Körpertemperatur zu halten. Sie begeben sich in eine Ruhephase bis die Sonnenstrahlung wieder ausreicht, um sich von ihr wieder auf ihre entsprechenden Aktivitätswerte aufheizen zu lassen. Bedingt durch diese unterschiedlichen Formen der Energieverwertung kommt ein Reptil auch mit viel weniger Nahrung als ein Warmblüter aus. So benötigen Vögel von gleicher Größe wie ein Rotkehlanolis ein Vielfaches an Futter, um ihren Energiebedarf zum Fliegen und zur Erzeugung ihrer recht hohen Körpertemperatur zu decken. Betrachtet man die sogenannten "primitiven" Wechselblüter von diesem Gesichtspunkt aus, so erscheint ihre Art der Nutzung von Energie doch weit effektiver als die mancher Warmblüter.

Anolis sind wechselwarme Tiere. Sie gehören zur Familie Iguanidae. Foto: Michael Gilroy

Körpertemperatur von den Umgebungstemperaturen abhängt. Sie sind also nicht in der Lage, wie "Warmblüter" (Vögel und Säugetiere einschließlich des Menschen) ihre Körpertemperatur unabhängig von den äußeren Gegebenheiten zu steuern.

Die Aufnahme von Nahrung dient jedem Lebewesen in erster Linie der Gewinnung von Energie, die von den unterschiedlichen

Anolis gehören zur Familie Iguanidae, die auch die Grünen Leguane und mehr als 550 andere Echsenarten einschließt. Fast alle Echsen dieser Familie zählen zu den neuweltlichen Arten. Die einzigen Aus-

Anolis sind mit einer Gesamtlänge von 10 bis 50 cm relativ klein. Sie sind hervorragende Kletterer und können selbst an senkrechten, glatten Flächen mühelos heraumlaufen. Diese Fähigkeit verdanken sie der Beschaffenheit ihrer Füße. Foto: Elaine Radford

nahmen bilden dabei die beiden Gattungen von Madagaskar-Leguanen *(Oplurus* und *Chalarodon),* die auf Madagaskar beheimatet sind, sowie die Fidji-Leguane *(Brachylophus).* Allerdings wurde bereits mehrfach von Wissenschaftlern angeregt, die altweltlichen Gattungen von Madagaskar auszugliedern.

Ein Systematiker und Taxonom, also ein Wissenschaftler, der sich mit den Verwandtschaftsbeziehungen von Reptilien und Amphibien und deren Namensgebung beschäftigt, könnte die Familie Iguanidae als eine "Sammelfamilie" betrachten. Die beiden Herpetologen FROST & ETHERIDGE (1989) vertreten daher in einer viel diskutierten Veröffentlichung die Auffassung, daß die Iguanidae in ihrer bisherigen Form eine Familie von nicht ausschließlich und wirklich nahe verwandten Echsen repräsentiert und daher eine Aufspaltung in insgesamt acht einzelne Familien angeraten wäre. Diese Familien würden weitaus natürlichere Gruppierungen darstellen, als das bei der traditionellen "Sammelfamilie" Iguanidae der Fall ist. Eine endgültige Entscheidung der Wissenschaftler über diesen Vorschlag steht noch aus, doch sollte er eines Tages Anerkennung finden, würden die Anolis der Familie Polychridae zugeschlagen werden.

In neuerer Literatur wird die Familie Iguanidae meist in sechs Unterfamilien aufgeteilt. Die Anolis bilden dann die Unterfamilie *Anolinae*. Anolis sind eine Gruppe meist relativ kleiner Echsenarten, deren Gesamtlänge zwischen 10 und 50 cm schwankt. Bei den meisten Arten nimmt der Schwanz die Hälfte oder sogar zwei Drittel der gesamten Körperlänge ein. Anolis leben überwiegend arboricol, also auf Bäumen oder in Sträuchern, und sind ausgezeichnete Kletterer, die ihren langen Schwanz dabei als "Balancestange" einsetzen. Eine weitere Hilfe beim Klettern bildet die Anatomie der Finger und Zehen. Ein Anolis kann einen vertikalen Baumstamm hinaufrennen, kopfüber an einem Zweig hängen und sogar an älteren, leicht zerschrammten Glasscheiben hinaufklettern. Unter einem Mikroskop betrachtet, kann man entdecken, das an den Fingern und Zehen winzig kleine Haftborsten vorhanden sind, mit denen die Anolis sich an der kleinsten Unebenheit festhalten können. Dadurch sind sie in der Lage, selbst an dem menschlichen Auge völlig glatt erscheinenden Flächen herumzuklettern.

Anolis weisen außerdem auch noch andere faszinierende morphologische Merkma-

Rotkehlanolis können ihre Körperfarbe schnell von Braun nach Grün oder umgekehrt wechseln. Der Farbwechsel benötigt etwa eine Minute. Foto: Michael Gilroy

Alle Anolis besitzen eine Kehlfahne, die bei den Männchen größer als bei den Weibchen ist und beim Territorial- und Werbungsverhalten eine Schlüsselrolle spielt. Foto: Michael Gilroy

le auf. Eines davon ist die Kehlfahne, eigentlich ein dehnbarer Hautlappen, der sich mittig entlang der Kehle bis zum Brustbein erstreckt und eingefaltet kaum auffällt. Diesen Hautlappen kann das Anolis-Männchen durch ein Spreizen des Zungenbeines zu einem Halbmond aufstellen. Mit aufgestellter Kehlfahne wirkt der Kopf des Anolis um ein vielfaches größer und durch die dann sichtbar werdende, oftmals leuchtend rot oder orange gefärbte Kehlhaut, auch auffälliger. Auf diese Weise imponiert es den Weibchen und droht anderen, in sein Revier eindringenden Männchen.

Grundlegend besitzen alle Männchen und auch die Weibchen sämtlicher Anolisarten

Gegenüberliegende Seite: Rotkehlanolis (Anolis carolinensis) decken ihren Flüssigkeitsbedarf durch das Auflecken von Tropfwasser. Wasser ist eine wichtige Komponente in ihrer Pflege; sie trinken etwa einen halben Teelöffel Wasser täglich. Foto: Michael Gilroy

eine Kehlfahne, nur sind die der Weibchen viel kleiner und fallen deshalb kaum auf. Obwohl das Territorialverhalten der einzelnen Arten unterschiedlich stark ausgeprägt ist, so ist es doch generell vorhanden.

Ein anderes, ebenso interessantes Merkmal ist das Pinealauge. Darunter versteht man ein rudimentäres, lichtempfindliches, unpaariges "Organ", das sich unter dem Parietalschild auf dem Kopf der Echse befindet. Dabei handelt es sich um eine Ausstülpung des Zwischenhirns. Dieses "dritte" Auge oder "Stirnauge" besitzt eine becherförmige Netzhaut mit einem linsenförmigen Gebilde, das natürlich über keine Sehfähigkeit und über keine Öffnung nach außen verfügt. Es wird allerdings vermutet, daß es Lichtveränderungen registrieren und als Information an das endokrine Drüsensystem der Echse weiterleiten kann, mit dem es verbunden ist. Mit einfachen Worten erklärt, würde dieses "Organ" - wenn die Tageslichtlänge zum Winter hin

Oben: *Anolis garmani* (Jamaicaanolis) erreicht bis zu 28 cm Gesamtlänge; die Weibchen bleiben etwas kleiner. **Unten:** Ein junger *A. garmani*. Fotos: R.D. Bartlett

mutet wird, daß ihr Stirnauge in der Lage ist, auch zwischen hell und dunkel zu unterscheiden, also Lichtreize zu empfangen. In dieser Öffnung befindet sich ein pigmentloses "Fenster" im Interparietalschild (eine einzelne kleine Kopfschuppe zwischen den Parietalia), durch welches das Licht theoretisch bis zu den Sinneszellen eindringen kann, die über einen feinen Nerv mit dem Zwischenhirn verbunden sind. Hinter dem Parietalauge befindet sich das Pinealorgan, das vermutlich ebenfalls ursprünglich zur Lichtwahrnehmung diente, sich bei Amphibien, Reptilien, Vögeln und Säugetieren allerdings zur Epiphyse (Zirbeldrüse) weiterentwickelt hat.

Dieses Buch beschäftigt sich in erster Linie mit dem Rotkehlanolis, der den wissenschaftlichen Name *Anolis carolinensis* trägt. In vielen Fällen stößt man auch auf dreiteilige Bezeichnungen, wobei der dritte Namensteil eine Unterart bezeichnet. Weist eine Art keine Unterarten auf, so wird sie als monotypisch bezeichnet.

Der Rotkehlanolis ist in Amerika beheimatet und dort über den gesamten Südosten der Vereinigten Staaten, vom äußersten Südosten Virginias bis auf die Florida Keys und westwärts bis nach Ost-Texas verbreitet. Vereinzelte Populationen sind ebenfalls von einigen Karibischen Inseln und aus Mexiko bekannt, doch das Hauptverbreitungsgebiet befindet sich in den Vereinigten Staaten.

Der Rotkehlanolis wurde früher auch unter seinem englischen Trivialnamen "Amerikanisches Chamäleon" in Zoogeschäften angeboten. Hält man sich aber die typischen Erkennungsmerkmale eines Chamäleons vor Augen - einander gegenüberliegende Zehen und Finger, Greifschwanz und voneinander unabhängig bewegliche Augen - wird die Unsinnigkeit dieses Namens deutlich. Von der Tatsache abgesehen, daß der Anolis die Fähigkeit besitzt, je nach Wohlbefinden seine Körperfarbe von Grün nach Braun zu verändern und seine leicht vorstehenden Augen ständig in Bewegung sind, hat er mit den altweltlichen Chamäleons absolut gar nichts gemeinsam. Über die eventuellen Verwandtschaftsbeziehungen von Chamäleons mit anderen Echsen ist aufgrund ihres ausgesprochen ungewöhnlichen Erscheinungsbildes nicht viel bekannt, jedoch kann mit Sicherheit gesagt werden, daß sie keinesfalls mit den Anolis

abfällt - dem Anolis signalisieren, daß es Zeit für die Winterruhe ist oder - im umgekehrten Fall - bei wieder ansteigenden Werten zum Sommer hin - daß die Paarungszeit gekommen ist. Diese Annahme ist jedoch bis heute noch nicht hundertprozentig wissenschaftlich belegt, ebenso wie die, daß das Pinealauge vor Millionen von Jahren einmal ein richtiges drittes Auge gewesen sein könnte.

Die Brückenechse *(Sphenodon)* bildet hierbei die einzige Ausnahme. Bei ihr befindet sich über dem Parietalauge eine winzige Öffnung in der Schädeldecke, weshalb ver-

verwandt sind.

Wie bereits angesprochen, kann der Rotkehlanolis seine Farbe nur von Grün nach Braun oder umgekehrt verändern, was dem Pfleger dennoch wertvolle Auskünfte über das allgemeine Befinden und die Stimmung seines Pfleglinges vermitteln kann. Vielfach wird angenommen, daß dieser Farbwechsel bewußt gesteuert wird oder vom Untergrund abhängt, auf dem sich das Tier gerade befindet - zwischen Pflanzen färbt es sich grün, auf einem Ast oder dem Boden braun. Dem ist jedoch nicht so. Anolis zeigen eine braune Färbung, wenn sie schlafen oder kalt sind; aufgewärmt und aktiv herrscht dann eine leuchtend grüne Färbung vor. Allerdings gibt es dabei Ausnahmen - ein aktiver, warmer, mit einem anderen Männchen in seinem Revier konfrontierter Rotkehlanolis verfärbt sich innerhalb von einer Minute ins Braune. Kranke Tiere zeigen ebenfalls eine braune Farbe, die jedoch dunkler als das normale Braun der Schlafphase ist und sich auch nicht nach Grün verändert, wenn das Tier seine Aktivitätstemperatur erreicht hat.

Obwohl andere Echsen gleichfalls unterschiedlich stark territorial veranlagt sind, ist das damit verbundene Verhalten ganz besonders bei den Rotkehlanolis derart interessant, daß sich bereits viele wissenschaftliche Veröffentlichungen mit diesem Thema beschäftigt haben. Hier können jedoch nur die Grundinformationen behandelt werden.

Das Territorialverhalten ist bei den Männchen viel stärker als bei den Weibchen ausgeprägt. Die Größe eines Reviers ist variabel und hängt von der Biotopstruktur und der Anzahl der dort lebenden Anolis ab. Den Beobachtungen des Verfassers in der Natur nach kann pro Männchen eine mittlere Territoriumsgröße von etwa einem bis eineinhalb Metern im Quadrat angenommen werden. Dringt ein anderes männliches Tier in ein solches Territorium ein, nähert sich das revierbesitzende Tier sofort in aufgerichteter Körperhaltung und spreizt seine Kehlfahne. Die Farbe der "Fahne" variiert beim Rotkehlanolis zwischen Grün und Rot; bei Tieren aus Florida kann sie auch blau sein, weshalb diese von einigen Her-

Gegenüberliegende Seite: Rotkehlanolis besitzen ein großes Maul und sind geschickte Fänger von fliegenden und anderen sich schnell bewegenden Insekten. Foto: Michael Gilroy

Rotkehlanolis können durch die Haftlamellen an den Zehen nicht nur an glatten Flächen herumklettern, sondern wie hier gezeigt, die Zehen auch zum Greifen einsetzen. Foto: Michael Gilroy

petologen als separate Art betrachtet werden. Je kräftiger die Rotfärbung ist, umso dominanter ist das Männchen. Der Eindringling kann diese Drohgebärde damit beantworten, daß er ebenfalls seine Kehlfahne aufstellt und der Revierinhaber oder auch beide Tiere daraufhin beginnen, sich gegenseitig anzunicken. Dieses heftige und schnelle Kopfnicken bezieht manchmal den kompletten Vorderkörper mit ein und soll den Eindringling zur Flucht veranlassen. Zeigt sich der Störenfried davon unbeeindruckt, wird er vom dominanten Männchen angegriffen und so lange umhergejagt, bis er aufgibt und sich zurückzieht oder den alten Revierbesitzer seinerseits in die Flucht schlägt. In den meisten Fällen kommt es zu keinem physischen Kontakt zwischen den Rivalen - es handelt sich gewöhnlich um ein rein rituelles Gehabe. Richtige Beißereien finden nur in seltenen Fällen statt, und das residierende Männchen kann sein Territorium meistens erfolgreich verteidigen, es sei denn, der Eindringling ist größer und kräftiger.

Anolis sind in der Natur trotz ihrer ausgesprochen guten Kletterfähigkeit nicht häufig in großen Höhen über dem Boden, jedoch auch nur selten auf dem Boden zu entdecken. Sie scheinen Sträucher, Mauern, Zäune und kleine Bäume vorzuziehen und bewegen sich überwiegend in Höhen

spaltes ein Feld vergrößerter Postanalschuppen. Beide Geschlechter können auf der Rückenmitte einen weißen Streifen zeigen, der jedoch am häufigsten bei Jungtieren und adulten Weibchen vorhanden ist und bei ausgewachsenen Männchen fehlen kann. Die Hemipenistaschen der Männchen sind deutlich sichtbar ausgeprägt, wodurch die Männchen sich im Zusammenhang mit der gefärbten und viel größeren Kehlfahne bereits optisch gut von den Weibchen unterscheiden lassen.

Wie beim Territorialverhalten sind auch

Ein *Anolis-carolinensis*-Männchen. Man beachte die vergrößerten Postanalschuppen und die verdickten Hemipenistaschen hinter dem Analspalt. Foto: Michael Gilroy

bis 4 oder 5 Meter. Sie springen von Busch zu Busch und sind dabei die reinsten Akrobaten. Filmaufnahmen in Zeitlupe zeigen deutlich, daß sich ein zum Sprung bereites Tier kräftig mit den Hinterbeinen abstößt, den Rücken beugt und sich so in die Luft katapultiert. Im Sprung ist der Körper um etwa 30° nach oben gestreckt, und der Schwanz wird als "Ruder" benutzt. Die Landung erfolgt meist mit den Vorderfüßen zuerst.

Die Geschlechtsdiagnose bei Rotkehlanolis ist relativ einfach. Die Männchen sind mit einer ungefähren Adultlänge von 22 cm deutlich größer als die nur etwa 17 cm erreichenden Weibchen. Außerdem besitzen die Männchen unterhalb des Anal-

bei der Werbung um die Gunst der Weibchen die Männchen mit einer kräftigen Kehlfärbung die erfolgreichsten. Diesbezügliche Untersuchungen haben ergeben, daß die Weibchen eine deutliche Vorliebe für Männchen mit einer leuchtend rosafarbenen oder roten Kehlfahne zeigen.

Rotkehlanolis ernähren sich in der Natur von kleinen Wirbellosen wie Insekten und Spinnentieren. Sie verbringen den größten Teil ihrer Aktivitätszeit mit der Futtersuche und vertilgen über den Tag verteilt ansehnlich große Mengen. Zusammenfassend betrachtet, sind Rotkehlanolis ausgesprochen interessante und anpassungsfähige kleine Echsen, die sich ausgezeichnet für die Terrarienhaltung eignen.

Rotkehlanolis sind auch in Mitteleuropa in fast jedem mit Reptilien handelnden Zoogeschäft erhältlich. Sehr viele der im Handel angebotenen Anolis sind aber leider in keiner guten Verfassung und segnen oftmals noch im Geschäft das Zeitliche. Der Fang- und Transportstreß wirkt sich verheerend auf den Gesundheitszustand der Tiere aus, was durch eine schlechte Unterbringung in Verkaufsterrarien noch verschlimmert wird.

beiden Fällen im anschließenden Kapitel noch genauer eingegangen werden soll. Was aber, wenn ein angehender Terrarianer in einer Gegend wohnt, wo er keinen Züchter oder guten Händler auftreiben kann? Da bleibt einem natürlich noch die Möglichkeit, seine Tiere über die Versandliste eines Händlers oder bei einem weiter entfernt ansässigen Züchter zu bestellen und sich diese dann zuschicken zu lassen. Hier ist allerdings Vorsicht geboten. Zum

Rotkehlanolis nutzen die Blätter von Pflanzen als Sichtschutz und als Ansitz für die Beutejagd. Sie sind jedoch nur selten in Höhen von über fünf Metern zu finden. Foto: Michael Gilroy

Einen gesunden und kräftigen Rotkehlanolis kann man auch bei einem privaten Züchter, der gerade Nachzuchttiere hat, erwerben. Adressen von privaten Züchtern sind über Anzeigen in herpetologischen Fachzeitschriften oder von terraristischen Vereinen zu bekommen, die auch bereit sind, einem Anfänger mit persönlichen Erfahrungen Hilfestellung zu leisten. Vielleicht findet sich dort auch ein Terrarianer, der sich zugunsten anderer Pfleglinge von seinen Rotkehlanolis trennen möchte und daher nach einem interessierten Pfleger sucht.
Die Vorteile von Terrariennachzuchten sind eigentlich ebenso offensichtlich wie die Nachteile von Wildfangtieren, auf die in

Ersten hat der Kunde keine Möglichkeit, die bestellten Tiere vorher in Augenschein zu nehmen und zweitens wird bei einem solchen Handel die Kaufsumme zuzüglich der Verpackungs- und Transportkosten oft im Voraus verlangt. Welche bösen Überraschungen und wieviel Ärger einen dabei erwarten können, kann sich jeder selbst ausmalen.
Das soll nun aber nicht heißen, daß auf die Anschaffung eines Rotkehlanolis verzichtet werden muß, denn oftmals ist der Ruf der spezialisierten Zoogeschäfte schlechter, als es wirklich gerechtfertigt wäre.
Da wir heute im "Düsenzeitalter" leben, unternehmen nicht wenige Reptilienlieb-

haber nur oder auch zu dem Zweck weite Fernreisen, um ihre favorisierten Reptilien und Amphibien in ihren natürlichen Lebensräumen auffinden und beobachten zu können - wenn irgendwie möglich natürlich auch deshalb, um sich das eine oder andere Pärchen mitzubringen. Zugegebenermaßen handelt es sich hierbei um ein sehr heikles Thema. Es soll hier auch nicht dazu angeregt, sondern eher auf die Risiken und Konsequenzen hingewiesen werden. Obwohl der Rotkehlanolis in Deutschland keinen Schutzbestimmungen unterliegt, sollte man nicht von vornherein davon ausgehen, daß das deshalb auch in seiner Heimat nicht der Fall ist. Wer also seinen Urlaub in einem der Verbreitungsgebiete dieser Echsen verbringt und sich mit dem Gedanken trägt, diese auch fangen und nach Deutschland bringen zu wollen, der tut gut daran, sich vorher über die Gesetzeslage des betreffenden Bundesstaates zu informieren. Da Anolis in den meisten Gebieten ihrer Heimat noch als ausgesprochen häufig zu bezeichnen sind, wird sich die zuständige Behörde wegen einem oder zwei beantragten Pärchen wahrscheinlich nicht besonders unnachgiebig zeigen. Geht man aber davon aus, daß sehr viele der Tierarten, die heute als gefährdet gelten und strengen Schutzmaßnahmen unterliegen, teilweise noch vor wenigen Jahren ebenfalls als häufig bezeichnet werden konnten, muß man erkennen, daß solche Gesetze notwendig sind. Es soll hier nicht diskutiert werden, ob die drastische Dezimierung solcher Tierarten auf Brandrodungen, den Bau von Stauseen oder durch das Wegfangen skrupelloser Händler und privater Liebhaber zurückzuführen ist. Es sei aber die Feststellung erlaubt, daß alle diese Faktoren mitverantwortlich und dem menschlichen Einfluß zu verdanken sind. Eine Art, die heute noch als häufig gilt, kann morgen bereits vom Aussterben bedroht sein, mit den bekannten Folgen für das natürliche Gleichgewicht. Wer also den Fang und die Ausfuhr von mehr als nur einigen wenigen Rotkehlanolis beantragt,

In der Vergrößerung betrachtet sind die Haftlamellen der Fußunterseiten eines Rotkehlanolis deutlich erkennbar. An den einzelnen Lamellen befinden sich winzige Haftborsten, die selbst in kleinsten Unebenheiten einer scheinbar glatten Oberfläche Halt finden.
Foto: Michael Gilroy

kann schon mit einer Absage der Behörden rechnen, denn so etwas erweckt immer den -meist wohl auch berechtigten- Eindruck, daß die Tiere nicht für das heimische Terrarium, sondern eher für den Verkauf gedacht sind.

Sich über einen abgelehnten Antrag hinwegzusetzen und die Tiere außer Landes schmuggeln zu wollen, macht sich nicht bezahlt. Selbst wenn man an der Staatsgrenze und auch beim Flughafenzoll nicht erwischt wird - was nebenbei bemerkt ausgesprochen teuer werden kann und garantiert in der Beschlagnahmung der Tiere resultiert - sollte man nicht damit rechnen, alle Tiere gesund nach Hause zu bringen. Auch hier macht einem der Fang- und Transportstreß nur allzu oft einen Strich durch die Rechnung.

Gegenüberliegende Seite: Vorsicht beim Fangen eines Anolis; es sollte niemals nach dem Schwanz gegriffen werden. Anderenfalls wirft das Tier seinen Schwanz ab und entkommt so seinem vermeintlichen Feind.
Foto: Michael Gilroy

Anolis können sich auch an instabilen Objekten wie Pflanzenblättern mühelos festhalten.
Foto: Michael Gilroy

Nachdem erläutert wurde, wo man sich Rotkehlanolis beschaffen kann, sollte auch darüber gesprochen werden, welche Grundregeln dabei zu beachten sind.

Beginnen wir mit dem Kauf vom privaten Züchter. Ein unbestrittener Vorteil von Terrariennachzuchten liegt in der Tatsache, daß sie bereits an die Terrarienhaltung und das dort verfügbare Futter gewöhnt sind. Außerdem kann man davon ausgehen, daß man höchstwahrscheinlich gesunde Tiere erhält,

erwähnten Streß durch Fang und Transport. Dabei geht es nicht allein darum, daß die Tiere vielleicht nicht besonders kräftig aussehen, sondern viel mehr darum, daß Streß das natürliche Immunsystem eines Organismus so stark schwächen kann, daß die mit Sicherheit vorhandenen Innen- oder auch Außenparasiten sehr schnell die Oberhand gewinnen. In einem solchen Fall ist es mit etwas "Aufpäppeln" durch gutes Futter nicht mehr getan. Es wird eine umgehende

Der Rotkehlanolis in der Mitte befindet sich in Häutung. Das ist ein natürlicher Vorgang, bei dem die alte Haut oft aufgefressen wird.
Foto: Isabelle Francais

die frei von Innen- als auch Außenparasiten sind. Gewöhnlich ist der private Züchter auch weniger an hohem Profit beim Verkauf seiner Nachzuchten interessiert, sondern vielmehr daran, daß die Tiere in "gute Hände" kommen, und er kann wertvolle Hinweise zu deren optimalen Haltungsbedingungen geben. Vor allem aber kann man auf diesem Wege sicher sein, wirkliche Jungtiere zu erhalten, an denen man dann noch lange seine Freude haben kann. Ein guter Privatzüchter wird seine Nachzuchttiere erst zum Verkauf anbieten, wenn sie absolut futterfest sind und er eine Geschlechtsdiagnose vornehmen kann. Niemand weiß besser als er selbst, wie groß die Enttäuschung ist, wenn sich vermeintliche Zuchtpaare als gleichgeschlechtliche Tiere erweisen. In einem solchen Fall wird er sicher bereit sein, eines der beiden Tiere gegen den geeigneten Geschlechtpartner auszutauschen - ein Privatzüchter verliert nicht gern seinen guten Ruf.

Die Probleme mit Wildfängen aus dem kommerziellen Handel beginnen mit dem bereits

medizinische Versorgung erforderlich, die wiederum Streß für das Tier bedeutet.

Einen weiteren kritischen Punkt stellt das bereits erreichte Alter dar. Die meisten im Handel angebotenen Rotkehlanolis sind ausgewachsen, und eine annähernd korrekte Altersbestimmung ist unmöglich. Das kann einem ein noch relativ junges, jedoch mit etwas weniger Glück auch ein bereits ziemlich betagtes Tier bescheren.

Zu all diesen Nachteilen kommt noch erschwerend hinzu, daß Wildfangtiere bei der Eingewöhnung in einen neuen, völlig fremden Lebensraum Probleme bereiten können. Das muß nicht zwingendermaßen der Fall sein, doch ist die Wahrscheinlichkeit dafür im Vergleich mit Terrariennachzuchten größer.

Die Nachteile und Schwierigkeiten beim Kauf von Versandhändlern wurden bereits im vorangegangenen Kapitel aufgezeigt. Jedoch gibt es einige Grundregeln, die den Kauf im kommerziellen Handel allgemein betreffen und deren Berücksichtigung so manche Enttäuschung ersparen kann.

So sollte sich der interessierte Terrarianer bereits vor der Anschaffung seines Rotkehlanolis alle möglichen Informationen über die Bedingungen in dessen natürlichem Lebensraum verschaffen - Temperaturen, Luftfeuchte, Vegetation, Futter, jahreszeitliche Veränderungen und dergleichen. Man kann diese detaillierten Auskünfte von einem Verkäufer in einem Zoogeschäft meistens nicht erwarten, und falsche Informationen sind schlechter als gar keine.

Man sollte sich bei der Auswahl eines Exemplares viel Zeit lassen. Die Idee, den Verkäufer ein Tier aus der Mitte vieler anderer herausfangen zu lassen und dieses dann auch zu kaufen, ist genauso falsch wie "emotionale Kauf" - die Auswahl des kleinsten und schwächsten Tieres, das mitleiderregend in der äußersten Ecke des Beckens sitzt. Tiere, die einen jämmerlichen Eindruck machen oder sich ohne große Gegenwehr einfach greifen und dem Becken entnehmen lassen, sind entweder ernsthaft krank oder bereits dem Schwächetod verschrieben. Bei der Auswahl eines Tieres aus einem dicht besetzten Verkaufsterrarium muß unbedingt darauf geachtet werden, daß sich keine Tiere mit Krankheitsanzeichen darunter befinden. Das würde bedeuten, daß ein Großteil aller Tiere bereits infiziert ist, auch wenn vielleicht noch keine Symptome erkennbar sind.

Ein gesunder Rotkehlanolis sollte eine leuchtend grüne Körperfärbung zeigen, gutgenährt sein, einen rosafarbenen Mundinnenraum besitzen, keine sichtbaren Verletzungen oder Sekretabsonderungen aus Nase und/oder Maul erkennen lassen und klare Augen haben, die nicht eingesunken und leblos sind. Beim Versuch, ein solches Tier zu fangen, sollte es sofort aktiv werden, versuchen, sich dem Zugriff zu entziehen und sich durch Zubeißen deutlich zur Wehr setzen. Man sollte besonders die Regionen um die Augen, die Ohröffnungen und das Maul auf kleine rote Punkte, d.h. auf Milben untersuchen. Diese bei

Beim Kauf von Rotkehlanolis muß auf Verletzungen, abgebrochene Schwänze, fehlende Zehen sowie auf Milben- und Zeckenbefall geachtet werden.
Foto: Michael Gilroy

Gelegentlich kann man Rotkehlanolis mit einer sehr ausgefallenen Zeichnung finden. Dieses Tier wurde in Texas entdeckt und im Zoo von Houston gepflegt.
Foto: Paul Freed

Reptilien häufig zu findenden Außenparasiten stellen in geringer Anzahl kein ernstes Problem dar. Sollten jedoch größere Mengen davon auf einem Tier vorhanden sein, deutet das auf einen geschwächten Gesundheitszustand der Echse hin, was Anlaß sein sollte, von dieser Wahl Abstand zu nehmen. Diese Anhaltspunkte können einem natürlich immer noch keine Garantie dafür geben, daß es sich um ein wirklich gesundes und parasitenfreies Tier handelt. Zumindest aber kann man davon ausgehen, daß dieser Rotkehlanolis unter keinen ernsthaften Krankheiten leidet und eine gute Chance hat, die Eingewöhnungszeit im neuen Terrarium gut zu überstehen. Sich leicht unter der Haut abzeichnende Rippenbögen sind bei Anolis kein Anzeichen für Unterernährung, sondern normal. Stehen die Rippen allerdings hervor und ist der Hinterleib des Tieres vor den Hinterbeinen eingefallen, so deutet das eindeutig darauf hin, daß das Tier aus welchen

Gründen auch immer keine oder nur ungenügende Mengen von Nahrung aufnimmt. Ist das Gegenteil der Fall und die Echse wirkt leicht aufgebläht, so sollte man nicht etwa vermuten, daß die Tiere in diesem Zoogeschäft gut und reichhaltig gefüttert werden - es werden wohl eher ernste Verdauungsstörungen sein, die das Tier so erscheinen lassen.
Wie bei allen anderen Reptilien ist darauf zu achten, daß sich keine angetrockneten, alten Häutungsreste am Körper des Tieres befinden. Sie können auf eine zu trockene Haltung, schlimmer aber auf eine Parasitose oder noch ernstere Erkrankungen hindeuten. Auch das Verkaufsbecken, in dem sich die Tiere befinden, ist einen genaueren Blick wert. Sind dünnflüssige, grünliche Kotansammlungen zu sehen, ist das Becken allgemein verdreckt und/oder stark überbesetzt, sollte man sich sein Geld vielleicht doch besser für eine andere, seriöser erscheinende Gelegenheit aufsparen.

Hat man nun seine Rotkehlanolis ausgewählt, ist der nächste Schritt zu einer guten Haltung nicht, die Tiere zu Hause in das vorbereitete Terrarium zu setzen oder sie gar mit bereits vorhandenen Echsen zu vergesellschaften. Die Tatsache, daß ein gesund und wohlgenährt aussehendes Tier erworben zu haben, ist keine Garantie dafür, daß dem auch wirklich so ist. Zur Bestätigung dieser Vermutung und zum Schutz der anderen Terrarientiere bedient man sich deshalb einer vorbeugenden Sicherheitsmaßnahme - der Quarantäne.

Die Quarantänehaltung dient dem Zweck, latent vorhandene Krankheiten zu entdecken und zu behandeln, und zwar noch bevor es zu einer Ansteckung anderer Tiere kommen kann. Die Dauer einer Quarantänehaltung beträgt mindestens 4 - 6 Wochen, bei auftretenden Krankheitssymptomen natürlich so lange, bis das Tier als geheilt bezeichnet werden kann und keine Ansteckungsgefahr mehr besteht. Das mag sich kompliziert und aufwendig anhören, jedoch ist es im Grunde recht einfach.

Man benötigt ein angemessen großes Glas- oder Plastikbecken mit einer Abdeckung; ideal ist ein gut schließender Gazedeckel. Dieses Becken darf sich nicht in der Nähe anderer Terrarien befinden und wird lediglich mit einem Wassernapf, wenigen abgerindeten Kletterästen, einer Plastikpflanze als Sichtschutz und Küchenpapiertüchern als Bodengrund ausgestattet. Wenn man sich auch fragen wird, wie sich ein Tier in einer solchen Umgebung gut eingewöhnen soll, muß man sich die Frage stellen- wie ein Tier in einem vollausgestatteten Waldterrarium richtig zu beobachten ist, besonders dann, wenn sich in diesem Becken vielleicht auch noch andere Rotkehlanolis befinden. Außenparasiten, wie Milben, sind auf weißem Haushaltspapier besser zu sehen als auf einem dunklen Waldbodensubstrat. Auch Kotabgaben - wann, wie oft und in welcher Konsistenz - können in einem Quarantänebecken einfach beurteilt werden. In einem Terrarium mit mehreren Tieren ist das unmöglich. Und wird man mit dem Problem auftretender Krankheitsanzeichen konfrontiert, besteht die Möglichkeit, das Quarantänebecken wenn nötig täglich zu reinigen und zu desinfizieren.

Trotz der einfachen Einrichtung muß den korrekten Klimabedingungen - Temperaturen, Luftfeuchte, Luft und Licht - auch hier Rechnung getragen werden. Eine Unterbodenheizung, eine Tageslichtleuchtstoffröhre, das tägliche Versprühen von lauwarmem Wasser und ein Thermometer sind hier genauso unerläßlich, wie bei einem artgerecht gestalteten Terrarium. Futter wird täglich in ausreichender Menge angeboten, nicht gefressene Insekten wieder entfernt und vernichtet. Auf keinen Fall sollte man solche Futtertiere an andere, eingewöhnte Terrarientiere weiterverfüttern, denn sie könnten Überträger von Krankheitskeimen sein. Während dieser Quarantänehaltung kann sich der Wildfang-Rotkehlanolis an das Leben in einem räumlich begrenzten Terrarium, an die dort herrschenden Bedingungen sowie an das angebotene Futter und den Pfleger gewöhnen, ohne dabei dem Streß ausgesetzt zu sein, sich mit anderen, bereits eingelebten Artgenossen auseinandersetzen zu müssen. Der Pfleger seinerseits hat die Möglichkeit, das neuerworbene Tier genau beobachten zu können und sich so von seinem wirklich guten Gesundheitszustand, seinen Futteransprüchen und seinem Verhalten vertraut zu machen. Das kann für die spätere Haltung im endgültigen Terrarium wertvolle Hinweise liefern. Eine Handhabung des Tieres sollte während dieser Zeit nur beim Reinigen des Quarantänebeckens und/oder in Krankheitsfällen erfolgen. Die Vermeidung von Streß ist in der Eingewöhnungsphase der wichtigste Faktor.

Sollten innerhalb der Quarantänezeit Anzeichen für einen Milbenbefall auftreten, kann man sich über einen Tierarzt geeignete Präparate zur Vernichtung dieser Plagegeister besorgen; eine solche Behandlung ist nicht schwierig und kann vom Pfleger selbst durchgeführt werden. Eine stren-

Gegenüberliegende Seite: Es ist in jedem Fall besser, eine Terrariennachzucht zu erstehen, die bereits an die Haltung in menschlicher Obhut gewöhnt ist. Neu erworbene Rotkehlanolis sollten stets für die erste Zeit in Quarantäne gehalten werden, bevor sie mit anderen vergesellschaftet werden. Foto: Michael Gilroy

ge Einhaltung der Dosierungsvorschriften ist dabei selbstverständlich. Gibt es Hinweise auf ernstere Erkrankungen - dünnflüssiger, farbloser oder grünlicher Kot, gar keine Verdauung oder Erbrechen, kontinuierliche Futterverweigerung, eine stän-

dig braune Körperfarbe oder Knochendeformationen, muß sofort ein auf Reptilien spezialisierter Tierarzt aufgesucht werden, der mit geeigneten Untersuchungen und Behandlungsmethoden versuchen wird, das Schlimmste zu verhindern.

Ein Terrarium für Anolis sollte lebende oder zumindest Plastikpflanzen, Kletteräste und viel Bewegungsfreiheit bieten.

Einer der häufigsten und unbedingt zu vermeidenden Fehler bei der Haltung von Rotkehlanolis ist ein zu begrenztes Raumangebot. Anolis sind sehr aktive Tiere, die viel mehr Platz beanspruchen, als man ihrer recht geringen Körpergröße nach vermuten könnte. Oft werden Terrarien mit einem Fassungsvermögen von 45 Litern verwendet, die etwa den Abmessungen von 50 x 25 x 25 cm (LxBxH) entsprechen. Diese Größe ist aber noch nicht einmal für nur zwei Tiere ausreichend. Ein Einzeltier könnte sich darin vielleicht noch wohlfühlen, für zwei oder mehr Tiere sind deutlich größere Dimensionen notwendig. Wer auch noch auf die Idee kommt, zwei Männchen in solch einem Terrarium zu vergesellschaften, der wird nach kurzer Zeit der Besitzer nur noch eines, nämlich des dominierenden Männchens sein - das schwächere Tier wird diesen Dauerstreß nicht überleben.

Wenn man die Terrariengröße auswählt, müssen zwei Faktoren beachtet werden. Erstens muß die Kletterleidenschaft der Rotkehlanolis berücksichtigt werden, was sich auf die Höhe des Terrariums auswirkt. Zweitens sollte man den Rauminhalt eines Beckens nicht danach beurteilen, wie groß es in leerem Zustand wirkt. Mit Kletterästen, Wasserteil, Pflanzen und Bodengrund bestückt bietet es mitunter kaum noch Bewegungsfreiheit für die Tiere.

Wer sich an seinen Tieren und deren zumindest annähernd natürlichem Verhalten erfreuen möchte, sollte ihnen ein wirklich großes Terrarium zur Verfügung stellen. Zu empfehlen wäre hier eine Größe von etwa 140 Litern Inhalt (60 x 40 x 60 cm) für ein Pärchen Rotkehlanolis. Möchte man mehr als ein Pärchen, ein Männchen und beispielsweise drei oder vier Weibchen in einem Terrarium pflegen, sollten die Abmessungen schon bei 120 x 40 x 60 cm (280 Liter) liegen. Kleinere Becken können unter Umständen ausreichend sein. Das Ziel eines Terrarianers sollte nicht nur eine "ausreichende" und gerade so lebenserhaltende Unterbringung, sondern eine optimale, artgerechte Haltung und letztlich auch die erfolgreiche Vermehrung seiner Tiere sein. Letztere wird nur unter idealen Bedingungen erfolgreich sein.

Wer allerdings das Wagnis einer Gemeinschaftshaltung von zwei Männchen mit mehreren Weibchen eingehen möchte, der sollte sich erwähnte natürliche Reviergröße eines Männchens in Erinnerung rufen - ein bis eineinhalb Meter im Quadrat - und sich auf ein erforderliches Raumangebot von etwa 200 x 200 x 100 cm oder mehr vorbereiten. Von der Tatsache abgesehen, daß ein solches Vitrinenterrarium im Wohnzimmer das reinste Schmuckstück ist und dem gestalterischen Talent des Pflegers kaum noch Grenzen gesetzt sind, darf man die Anschaffungs- und Unterhaltskosten eines deratigen Schauterrariums keinesfalls unterschätzen.

Kehren wir jedoch zu der artgerechten Gestaltung eines Terrariums für ein Pärchen Rotkehlanolis zurück. Nachdem die passende Terrariengröße feststeht, soll eine Bemerkung über den zweiten häufig gemachten Fehler fallen. Eine gute Belüftung des Terrariums ist nicht nur für die Tiere wichtig, sondern verhindert auch Schimmelbildung auf dem Bodensubstrat und die Bildung feuchter Stauluft, die selbst von Pflanzen nicht vertragen wird. Die gelegentlich noch zu sehenden aquarienartigen Terrarien, die ringsherum verglast und auch noch eine relativ luftundurchlässige Abdeckung besitzen, sind für unseren Zweck gänzlich ungeeignet. Zwar kann man bei einer solchen Konstruktion die Glas- oder Plastikabdeckung durch einen gut sitzenden Gazedeckel ersetzen, was jedoch nur zu einem Entweichen der Luftfeuchte und Wärme noch oben führt, keinesfalls jedoch eine gute Luftzirkulation bewirkt. Die ideale Lösung sind zwei Lüftungsflächen, die auf verschiedene Seiten des Beckens (z.B. oben und seitlich) verteilt sind, sich wegen der Gefahr von Zugluft aber nicht direkt gegenüberliegen dürfen. So entsteht eine Luftbewegung, durch die verbrauchte Luft aus dem Terrarium hinaus- und Frischluft hineingelangt.

Kommen wir nun zur Einrichtung. Das Bodensubstrat sollte feuchtigkeitsbeständig sein, denn Anolis benötigen eine konstante relative Luftfeuchte von 50 bis 60%. Bei Werten darunter kommt es schnell zu Dehydrationserscheinungen bei den Tieren. Viele Pfleger verwenden Kies als Substrat, der aber wenig natürlich wirkt und außerdem die Feuchtigkeit im Becken nicht aufnimmt, sondern nur auf den Boden durchsickern und dort Staunässe bilden läßt. So entsteht der geeignete Nährboden für Pilze und Bakterien.

Flußsand ist ebenfalls ein gelegentlich verwendetes Bodensubstrat, entspricht allerdings auch nicht den natürlichen Gege-

benheiten. Außerdem setzt sich sehr fei-
ner Sand leicht in den Lamellen der Zehen
der Anolis fest, was sie beim Klettern behin-
dert und zu Schürfwunden führen kann.
Auch können größere Sandmengen mit
Futtertieren zusammen verschluckt werden. Obwohl einige Sandkrümel keine nen-
nenswerten Auswirkungen haben,
führen größere Mengen zumindest zu Verdauungsstörun-
gen, wenn nicht sogar zu
Darmverschlüssen oder
Magen- oder Darmdurch-
brüchen. Wieviel Sand tatsäch-
lich in den Körper eines gierigen
Fressers gelangt, wird ein Pfleger
jedoch kaum kontrollieren können.
Blumenerde ist ein ausgezeichneter Bodengrund, vorausgesetzt man achtet darauf,
daß sie nicht zu stark durchnäßt und somit
zu einem Morast wird. Sie wirkt natürlich,
hält Feuchtigkeit sehr gut und ist besonders bei Verwendung von lebenden Pflanzen bestens geeignet. Allerdings darf nur
ungedüngte und absolut chemikalienfreie
Blumenerde Verwendung finden, die möglichst noch mit etwas Torf versetzt sein
sollte. Allerdings muß
erwähnt werden, daß die-
ses Substrat regelmäßig
ausgewechselt werden
sollte, denn ständig
leicht feuchte Erde
neigt stark zu Schim-
melbildung.
Ein anderes, geeig-
netes und natürlich wir-
kendes Material ist Rindenmulch. Dieses Bodensubstrat hält
Feuchtigkeit ebenso gut wie Blumenerde,
läßt durch seine lockere Struktur jedoch
keine Staunässe entstehen. Die optimale
Lösung ist eine Kombination aus einer
Schicht unbehandelter Blumenerde mit
einer dickeren Lage Rindenmulch darauf.
Auf diesem Bodengrund werden sich
sowohl die Pflanzen wie auch die Anolis
wohlfühlen.
Weiterhin muß das Terrarium mit geeigneten und ausreichenden Klettermöglich-
keiten ausgestattet werden. Hier empfiehlt
sich der Gebrauch von stabilen, abgerindeten Ästen, die sich in alle Richtungen und
Ecken des Terrariums erstrecken sollten.
klettern Anolis nicht nur gerne an Ästen
und Stämmen hoch, sondern springen
auch mit Vorliebe von einem zum anderen.

Man sollte einen Rotkehlanolis möglichst oft beobachten, um sicher zu sein, daß die Haltungsbedingungen im Terrarium stimmen. Es muß immer daran gedacht werden, daß die Tiere lieber klettern als auf dem Boden sitzen. Ein Terrarium sollte daher nicht nur einfach schön aussehen, sondern in erster Linie den Bedürfnissen der Tiere entsprechen.
Foto: Michael Gilroy

Das Männchen wird sich schon nach kurzer Zeit einen bevorzugten Ast auserkoren haben, der ihm als Hochsitz dient und ihm eine Rundumsicht über sein Territorium bietet. Obwohl berindete Äste oftmals schöner aussehen, sind sie weitaus schwerer sauberzuhalten und bieten beispielsweise Milben unter der Rinde Unterschlupf. Die Kletteräste müssen auf jeden Fall so befestigt werden, daß sie durch die herumspringenden Tiere nicht umkippen oder hinunterfallen können. Auch wenn Rotkehlanolis sich nur ungern auf dem Boden aufhalten, können zur Dekoration noch Steine oder Wurzelstücke eingebracht werden.

Lebende Pflanzen verleihen einem Terrarium nicht nur ein natürliches Aussehen, sondern tragen darüber hinaus auch zum Wohlbefinden der darin lebenden Tiere bei. Pflanzen erhalten die Luftfeuchte im Becken, bieten eine weitere Klettermöglichkeit und geben den Anolis den erwünschten Sichtschutz, den sie auch in der Natur für sich nutzen. Zu den am besten geeigneten Terrarienpflanzen können die verschiedenartigen Philodendren oder Aronstabgewächse gezählt werden, von denen die meisten gut im Halbschatten gedeihen, also keine großen Ansprüche an die Beleuchtungsintensität stellen. Sie haben sich als robuste und pflegeleichte Terrarienpflanzen erwiesen und sehen ausgesprochen dekorativ aus. Philodendren wachsen in Terrarien meistens recht schnell in die Richtung, in der sie die Möglichkeit haben, sich ungehindert auszubreiten. Bepflanzt man die beiden hinteren Ecken des Beckens mit je einer kleinen Pflanze, werden diese nach relativ kurzer Zeit den gesamten hinteren Beckenteil überwuchert haben. Ihrem schnellen und ausladenden Wuchs kann man durch regelmäßiges zurückschneiden begegnen. Entscheidet man sich für einen *Scindapsus* (Efeutute) werden sich ihre Blattausläufer schnell um die vorhandenen Äste wickeln und an ihnen entlangwachsen. Seine zweifarbigen Blätter machen ein so bewachsenes Terrarium zu einer regelrechten Augenweide.

Verschiedene Efeuarten eignen sich ebenfalls recht gut für die Terrarienhaltung. Sie machen sich als Bodendecker ausgezeichnet und ranken außerdem auch schnell an anderen Gewächsen und Ästen hoch. Allerdings darf man nicht enttäuscht sein, wenn

Gestaltetes Rotkehlanolis-Terrarium mit einem Fassungsvermögen von 100 Litern. Pflanzen verleihen einem solchen Becken ein natürliches Aussehen.
Foto: Richard Haas

Das Einsetzen eines Anolis in sein Terrarium sollte vorsichtig und langsam geschehen. Nicht den Schwanz festhalten! Das Tier sollte keine Möglichkeit haben, sofort wieder aus dem Becken herausspringen zu können, denn Anolis lassen sich nur sehr schwer wieder einfangen. Foto: Michael Gilroy

Epiphytische Bromelien können mit Gummibändern oder Angelschnur auf Äste oder Rindenstücke aufgebunden, die Wurzeln dürfen dabei jedoch nicht beschädigt werden.

man sich für eine Pflanze mit hellen oder zweifarbigen Blättern entschieden hat, die dann im unteren, dunkleren Bereich des Terrariums nur noch kleine und einfarbig dunkelgrüne Blätter produziert. Zum oberen Beckenteil hin wird sie wieder größere und hellere Blätter zeigen. Efeupflanzen sind robust und pflegeleicht und können ebenfalls durch Rückschnitte in ihrer Wuchsfreudigkeit gebremst werden.

Asparagus sprengeri oder andere Zierspargel können sich in halbschattigen Terrarien gleichfalls wohlfühlen. Sie zeigen einen üppigen, buschartigen Wuchs und lieben eine erhöhte Luftfeuchte. Ihre zahlreichen Blätter sehen wie weiche, dünne Tannennadeln aus und wirken an den langen peitschenartigen Zweigen, über dem Wasserteil oder Ästen hängend, dekorativ.

Zum Daraufherumklettern eigenen sie sich allerdings nicht besonders gut, obwohl die Zweige sehr flexibel sind und nicht so schnell abbrechen.

Die Aralien *(Schefflera)* gehören wie die Philodendren und der Scindapsus zu den Aronstabgewächsen und wirken in größeren Terrarien sehr schön. Sie bevorzugen halb- bis vollschattige Standorte, zeigen unterschiedliche Blattgrößen und sind meistens einfarbig. Die Wuchsform richtet sich in die Breite und Höhe, die Blätter sind recht flexibel und strahlenförmig an jeder Stielspitze angeordnet.

Die bisher erwähnten Pflanzen sind alle wenig pflegeintensiv und in jeder Gärtnerei zu erschwinglichen Preisen erhältlich. Es gibt jedoch auch noch viele andere, nicht ganz so einfach zu pflegende und auch etwas teurere Arten, die einem Anolisterrarium exotischen Flair verleihen können - Bromelien. Einige Arten sind wegen ihrer auffälligen Blüten als Topfpflanzen erhältlich, doch sind diese nach der Blütezeit oft unansehnlich, und viele gehen dann sogar ein. Für unsere Zwecke eignen sich die Luftbromelien, also die epiphytisch lebenden Arten, viel besser. Sie verankern ihre Wurzeln an oder in Baumstämmen und -kronen und leben von den Nährstoffen, die sich in ihren Blattrichtern oder -rosetten ansammeln. Sie sind keine Schmarotzerpflanzen, die sich von ihrer Wirtspflanze ernähren.

Kleinere Luftbromelien werden häufig in Gärtnereien, bereits auf Korkeichenstücke oder kurze Äste aufgebunden, angeboten. Sie gehören nicht zu den "Billigpflanzen", können jedoch viel Freude bereiten. Allerdings ist für ihre korrekte Pflege schon ein angemessenes Grundwissen erforderlich, da sie sonst keine lange Lebenserwartung haben werden. Es beginnt bereits mit der richtigen Auswahl, denn viele Arten, besonders die mit einem silbergrauen, felligen Belag auf den Blättern, reagieren auf andauernde Kontaktfeuchtigkeit sehr empfindlich. Da in einem Anolisterrarium aber mindestens einmal täglich gesprüht werden muß, wird die Pflanze das nur an einem gut geschützten und belüfteten Platz überleben. Besser eignen sich hingegen die Arten mit glatten grünen Blättern, die einen täglichen "Regenschauer" nicht nur nicht übelnehmen, sondern diesen sogar brauchen. Bei Trichterbromelien dürfen die trichterförmigen Blattachseln oder -rosetten nicht über längere Zeit völlig austrocknen, sollten also immer etwas Wasser enthalten. Ob man allerdings das Glück haben wird, diese Pflanzen im Terrarium zum Blühen zu bringen, sei dahingestellt, denn ob alle dafür benötigten Anforderungen an Temperatur, Licht- und Luftqualität, Nährstoffe und Feuchtigkeit in einem Anolisbecken erfüllt werden, ist zweifelhaft.

Man kann sein Glück auch mit einigen Farnarten versuchen, sollte aber berücksichtigen, daß diese im Vergleich zu den vorher beschriebenen Pflanzenarten meistens nicht sonderlich robust sind. Es empfiehlt sich daher ein Standort, der mehr außerhalb der Aktivitätszonen der Anolis liegt.

Natürlich kommen nicht nur Grünpflan-

Das "Non-plus-ultra" für Rotkehlanolis. Ein Vitrinenterrarium mit fließendem Wasserteil für das Wohnzimmer.

zen in Frage, denn auch von den blühenden Arten fühlt sich so manche in einem Anolisterrarium wohl. In jedem Fall sollten keine besonders empfindlichen, zerbrechlichen oder pflegeintensiven Pflanzen verwendet werden. Es kann schnell dazu kommen, daß die Pflege der Pflanzen aufwendiger als die der Echsen wird. Außerdem ist unbedingt von Pflanzen mit giftigen Blattsäften, Früchten oder Blüten und von dornenbewehrten Ziergewächsen abzusehen. Zwar mögen sie vielleicht besonders dekorativ sein, jedoch stellen sie für die Anolis eine nicht zu unterschätzende Gefahr dar. Etwas pflanzenkundliche Literatur kann Hilfe leisten und die Auswahl von geeigneten Pflanzen erleichtern.

Nun fehlen nur noch ein flacher, nicht zu kleiner Trinkwasserbehälter, eine Heizung und die Beleuchtung - auf die letzten beiden wollen wir im nächsten Kapitel ausführlich eingehen - und zwei wichtige Meß-geräte zur Klimakontrolle - ein Thermometer und ein Hygrometer. Bei der Haltung von Terrarientieren, die nicht nur bestimmte Anforderungen an ihre Umgebungstemperatur, sondern auch an die Luftfeuchte stellen, reicht eine Temperaturkontrolle nicht aus. In solchen Fällen muß auch die relative Luftfeuchtigkeit überwacht werden können. So ist der Pfleger nicht nur in der Lage, die Temperaturen zu kontrollieren, sondern er kann sich zusätzlich jederzeit einen Überblick über die herrschende Umgebungsfeuchte verschaffen und zu niedrige Werte durch zusätzliches Sprühen ausgleichen.

Es bleibt eigentlich nur noch anzumerken, daß das nun fast fertig ausgestattete Terrarium, ob mit Klapp- oder Gazedeckel, mit Schiebe- oder Schwingtüren ausgestattet, in jedem Fall ausbruchsicher verschließbar sein muß. Bei vorhandenen Lüftungsflächen mit Gazeeinsätzen muß dar-

Dies ist kein Foto aus einem Gartencenter, sondern ein bepflanztes Gewächshaus, in dem sich auch Rotkehlanolis wohlfühlen würden. Foto: John Marks

Ein Kletterast, der in einem Terrarium ausgesprochen dekorativ wirken würde.

auf geachtet werden, daß es sich dabei um sehr feinmaschiges Material handelt. Da Anolis gerne an allen möglichen Flächen herumklettern, kann dazu kommen, daß sie mit ihren langen, dünnen Zehen in größeren Maschen hängenbleiben und sich verletzen.

Da Rotkehlanolis tagaktive Tiere aus warmen Klimaten sind, muß das Terrarium neben den Einrichtungsgegenständen selbstverständlich vor allem mit einer geeigneten Beleuchtung und einer effektiven Heizung ausgestattet werden. Aus Sicherheitsgründen sollten beide außerhalb der Reichweite der Tiere, also über beziehungsweise unter dem Terrarium installiert werden.

Als Beleuchtung empfehlen sich Tageslicht-Leuchtstoffröhren, die über die gesamte Länge des Terrariums reichen. Solche Leuchtstoffröhren besitzen ein dem natürlichen Sonnenlicht ähnliches Lichtspektrum, das auch einen gewissen Anteil an UV-Licht enthält. Dieser ultraviolette Lichtanteil ist für Rotkehlanolis und andere tagaktive Reptilien von besonderer Bedeutung, denn erst die UV-Strahlen ermöglichen ihrem Organismus die Synthese eines für sie lebenswichtigen Vitamins - Vitamin D_3. Dieses steht in engem Zusammenhang mit dem Calciumhaushalt der Tiere, der unter anderem für einen kräftigen und gesunden Knochenbau verantwortlich ist.

Einige tagaktive Reptilien, die sich keiner direkten Sonnenstrahlung aussetzen, können auch mit einer normalen Beleuchtung auskommen, jedoch ist intensive Beleuchtung in einem Terrarium mit lebenden Pflanzen unverzichtbar. Leuchtstoffröhren mit Tageslichtspektrum sind in Zoofachgeschäften und im Elektrohandel von verschiedenen Herstellern und in unterschiedlichen Preisklassen erhältlich - billig ist allerdings keine davon. Obwohl solche Leuchtstoffröhren eine recht lange Lebensdauer besitzen, gibt es Produkte, die bereits vorzeitig ausgetauscht werden müssen, da sich ihr Lichtspektrum mit zunehmendem Alter verändert und sich vor allem die Intensität der UV-Strahlung verringert. Ein guter Anzeiger dafür ist ein nachlassendes Wachstum der Pflanzen und ein Eindunkeln der Blattfarbe. In guten Fachgeschäften kann man oft Informationen über die vom Hersteller ermittelte Lebensdauer seines Produktes erfahren.

Zusätzlich zu dieser Beleuchtung verlangen die Rotkehlanolis noch einen Wärmestrahler, bei dem es weniger um das abgegebene Licht, sondern um die Strahlungswärme geht. Anolis lieben Sonnenbäder und suchen dazu in der Natur sonnenbeschienene Stellen auf, wo sie sich auf einem Ast oder Zweig so lange von der

Große Korkstücke und Plastikpflanzen eignen sich gut zur Terrarieneinrichtung. Geeignete Plastikpflanzen können in Zoogeschäften gekauft werden. Foto: Susan C. und Hugh Miller

Sonnenwärme aufheizen lassen, bis sie ihre optimale Aktivitätstemperatur erreicht haben. Diesem Bedürfnis muß natürlich auch in einem Terrarium Rechnung getragen werden, was sich durch einen Punktstrahler oder auch mit einem Wärmestrahler und dem gewöhnlich dazugehörigen Reflektor erreichen läßt. Dieser Strahler sollte sich ebenfalls über dem Terrarium befinden und einen Ast oder Stein in einem leichten Winkel anstrahlen, den die Tiere dann zum Wärmetanken aufsuchen werden. Punktstrahler sind mit einem Reklektor ausgestattet, sind preiswerter als die aus Keramik hergestellten Wärmestrahler und auch in niedrigeren Wattzahlen erhältlich. Keramik-Heizer dagegen sind erst ab 60 Watt im Angebot, weshalb sie in kleineren Becken mit einem Thermostat oder einem Dimmer verbunden sein sollten, damit es nicht zu Überhitzung kommen kann.

Die Oberflächentemperatur des Sonnenplatzes sollte bei etwa 32°C liegen, diese aber nicht wesentlich über- oder unterschreiten. Auch hier muß in jedem Fall regelmäßig kontrolliert werden. Die geeignete Wattzahl richtet sich nach der Größe des Terrariums und dem Abstand zwischen Strahler und Sonnenplatz. Nun benötigt ein Rotkehlanolis nicht nur einen Platz zum Aufwärmen, sondern eine ebenfalls warme Umgebungstemperatur. Die idealen Tagestemperaturen für des gesamte Terrarium liegen zwischen 25 und 28°C. Ständig niedrige Werte können zu Gesundheitsproblemen führen, höhere verwandeln das komplette Becken in einen großen Sonnenplatz, von dem sich die Tiere nicht mehr in kühlere Bereiche zurückziehen können. Nachts dürfen die Temperaturen auf 16 bis 18°C absinken.

In kleineren Terrarien mögen die gewünschten Tages-Lufttemperaturen allein durch die im Terrarienzimmer herrschenden Werte zuzüglich der Strahlungswärme des Heiz- oder Punktstrahlers und der Leuchtstoffröhre erreicht werden. Für größere Becken wird das wohl nicht ausreichen, und man wird eine weitere Heizquelle benötigen. Wer es sich ganz einfach machen möchte, kann zu diesem Zweck eine starke Glühlampe über dem Terrarium plazieren. Viele Terrarianer glauben, daß eine Glühlampe die billigste und natürlichste Wär-

meerzeugung ist, weil die Strahlung von oben kommt. Dabei wird vergessen, daß eine 60-Watt-Glühlampe auch nicht billiger als eine gleichstarke Unterbodenheizung ist und sich die Erdoberfläche auch in der Natur durch Sonneneinstrahlung aufheizt, diese Wärme speichert und dann wieder an die Luft abgibt. Die geforderten Temperaturen müssen auf jeden Fall geboten werden. Die bekanntesten Bodenheizungen sind Heizkabel und Heizmatten. Beide sind in unterschiedlichen Wattzahlen und Größen erhältlich und relativ preiswert. Bei ersterem handelt es sich im ein mit Silikon ummanteltes Kabel, das in Schlaufen unter einem Teil, des Terrariums verlegt wird. Die Heizmatte funktioniert nach demselben Prinzip, nur daß das Kabel in einer Gummi- oder hitzebeständigen Kunststoffmatte verlegt und eingegossen ist, die ebenfalls unter einen Beckenteil gelegt wird. Auch hier kann bei zu hohen Wattzahlen mit einem Dimmer oder Thermostat korrigierend eingegriffen werden. Einige Pfleger bevorzugen beim Gebrauch dieser Heizer eine niedrigere Wattzahl und verlegen sie anstatt unter dem Terrarium direkt im Bodensubstrat. Es muß aber auf die damit verbundene Verbrennungsgefahr für Tiere und Pflanzen hingewiesen werden. Obwohl sich Anolis nur selten auf dem Boden aufhalten, kann ein Heizkabel an die Oberfläche gebuddelt werden, wo es durch direkten Körperkontakt zu Verbrennungen der Haut kommen kann. Selbst unter dem Terrarium sollten ausschließlich Bodenheizungen Verwendung finden, die wirklich zu diesem Zweck und für die Terraristik konstruiert wurden. Andere können das Regal oder den Unterschrank, auf dem das Terrarium steht, beschädigen oder durch den geringen Zwischenraum zwischen Terrarienboden und Unterlage überhitzen, den Beckenboden zerplatzen lassen oder im schlimmsten Fall zu einem Wohnungsbrand führen.

Der Verfasser erinnert sich noch lebhaft an ein Erlebnis, das er vor einigen Jahren mit einer ungeeigneten Heizmatte hatte. Diese eigentlich als Wärmequelle zur Aufzucht von Pflanzen gedachte Matte wurde zur Beheizung eines Schlangenterrariums benutzt - allerdings nur für kurze Zeit. Durch das Terrarium völlig abgedeckt, ließ der entstandene Hitzestau die Matte schmelzen. Wer seine Terrarien also mit einer Heizung versehen möchte, die direkt im Becken verwendet werden kann, sollte in Fachgeschäften gezielt danach fragen. Generell sollte jede Art von Heizung oder Wärmequelle aus Sicherheitsgründen von einem Thermostat gesteuert werden.

Gegenüberliegende Seite: Dieser Anolis könnte nur kalt sein, doch ist der dunkle Fleck hinter dem Auge ein Merkmal für kranke, schwache Tiere. Sieht ein Exemplar ständig so aus, weist das auf Probleme hin. Foto: Michael Gilroy

Die Tageslänge, also die Beleuchtungsdauer während des Tages, hat einen großen Einfluß auf die "biologische Uhr" von Rotkehlanolis. In den warmen Monaten sollte die Beleuchtung deshalb bis zu 14 Stunden täglich, in der kühleren Jahreszeit bis zu 10 Stunden eingeschaltet sein, was sich am besten über eine Zeit-

Hier ein offensichtlich altes Männchen. Foto: Elaine Radford

schaltuhr steuern läßt. Für unsere Zwecke ist ein Gerät der "Mittelklasse" völlig ausreichend. Selbst wenn ein Pfleger meint, sich diese zusätzliche Geldausgabe sparen zu können, so wird er seine Meinung spätestens dann ändern, wenn er das Ein- und/oder Ausschalten der Beleuchtung zum wiederholten Male vergessen hat. Außerdem kann eine unregelmäßige Beleuchtungsdauer bei den Tieren einen nicht zu unterschätzenden Streß verursachen, der ihrem Wohlbefinden nicht zuträglich ist.

Da man mit guten Zeitschaltuhren mehr als nur ein Gerät steuern kann, ergibt sich sogar die Möglichkeit zur Simulierung der natürlichen Morgen- und Abenddämmerung. Zu diesem Zweck läßt man morgens zuerst die Leuchtstoffröhre einschalten und etwa eine Stunde später den Punktstrahler. Abends schaltet sich dann erst der Strahler und wiederum eine Stunde danach die Tageslichtbeleuchtung ab. Ist die zusätzliche Heizung auch an diesen "Timer" angeschlossen, schaltet sie sich mit dem Strahler zusammen ein und aus, wodurch gleichzeitig eine morgens mit Sonnenaufgang ansteigende und abends mit der Dämmerung abfallende Temperatur nachempfunden wird. So kann eine fast naturge-

treue Photoperiode mit passender Temperaturstruktur simuliert werden.

Eine wichtige Voraussetzung für diese technischen Hilfsmittel und ein großes, aufwendig gestaltetes Terrarium ist, daß der betreffende Pfleger auch in der Lage und gewillt ist, das dafür erforderliche Geld auszugeben. Das heißt nicht, daß ein weniger gutgestellter Terrarianer auf ein schön aussehendes und artgerechtes Rotkehlanolis-Terrarium verzichten muß. Hier einige Anregungen für den kleineren Geldbeutel.

Die Terrariengröße muß zwar nicht überdimensioniert sein, sollte aber nicht aus Kostengründen auf ein Minimum reduziert werden. Allerdings kann man bereits bei der Einrichtung mit dem Geldsparen beginnen. Anstatt des doppelten Bodensubstrats (Blumenerde und Rindenmulch) wählt man nur eines von beiden. Im Notfall kann man auch Garten- oder Walderde verwenden, die jedoch vor Gebrauch im heißen Backofen oder mit kochendem Wasser sterilisiert und von Bakterien befreit werden sollte. Kletteräste müssen nicht in einem Gartencenter für teures Geld gekauft werden, sondern können ebenfalls aus dem Garten stammen. Auch hier wird vor dem Einbringen ins Terrarium mit kochendem Wasser abgebrüht und anschließend entrindet. Auf lebende Pflanzen sollte nicht verzichtet werden; erstens kosten Plastikpflanzen auch Geld - meist sogar mehr als lebende - und zweitens sind lebende Pflanzen zur Erhaltung der Luftfeuchte wichtig. Man kann sich aber für kleine und preiswerte Pflanzen entscheiden, die man samt Topf in das Becken stellt, falls das Substrat nicht aus Blumen- oder Gartenerde besteht. Die Töpfe kann man hinter Wurzelstücken, Steinen oder aufgehäuftem Bodengrund verstecken, und größer werden die Pflänzchen von ganz allein.

Als Wärmestrahler kann auch eine normale Glühlampe in einer Reflektorfassung herhal-

Gegenüberliegende Seite: Dieser Rotkehlanolis befindet sich mitten im Farbwechsel von Grün nach Braun. Innerhalb einer Minute wird er vollkommen braun gefärbt sein. Foto: Michael Gilroy

ten, vorausgesetzt der Abstand zum Sonnenplatz ist nicht zu groß. Auf eine Leuchtstoffröhre mit Tageslichtspektrum sollte jedoch nicht verzichtet werden. Scheut man sich vor der Anschaffung einer preiswerten Schaltuhr, bleibt immer noch die manuelle Bedienung von Beleuchtung und Heizungen per Handbetrieb. Hier muß jedoch darauf geachtet werden, daß das Ein- und Ausschalten zu festgesetzten Tageszeiten geschieht, damit der biologische Rhythmus der Tiere nicht durcheinandergebracht wird. Ein Hygrometer ist unverzichtbar.

Es gibt aber noch andere Wege zum Geldsparen - man kann in den warmen Sommermonaten die Betriebskosten eines Zimmerterrariums durch den Bau eines einfachen Freilandterrariums erheblich senken. Die einfachste Methode dafür ist ein Rahmengestell aus Holzleisten, das mit feinem Drahtgeflecht (Maschenweite 5 mm) bespannt wird. Diese Konstruktion erhält einen nach oben aufklappbaren, ebenfalls drahtbespannten Deckel, der so verschlossen werden kann, daß die Anolis ihn nicht von innen aufdrücken können. Die Leisten müssen mit feinem Sandpapier behandelt werden, damit die Tiere sich daran keine Splitter einreißen können, und es dürfen natürlich keine Drahtenden hervorstehen. Dieses "Freilandgehege" ist leicht, billig und einfach herzustellen, im Garten oder auf dem Balkon jederzeit dort aufzustellen, wo es am günstigsten erscheint. Es ist eine effektive Sparmaßnahme für Energiekosten.

Sind die Außentemperaturen angemessen, benötigt man weder eine Tageslicht-Leuchtstoffröhre noch einen Punkt- oder Wärmestrahler. Man schattet einen Teil des Behältnisses ab und läßt die Sonne in den anderen Teil auf einen Ast oder Stein scheinen. Eine Zusatzheizung ist in günstigen Lagen und bei optimaler Witterung überflüssig und Thermostate, Dimmer oder Zeitschaltuhren fallen hierbei unter den Tisch - all diese Dinge werden nun von Mutter Natur geregelt. Auf ein Thermometer und ein Hygrometer, sowie auf regelmäßiges Sprühen kann allerdings auf gar keinen Fall verzichtet werden.

Hat man ein Plätzchen in einem Garten, kann man eine flache Schale mit Obststücken in das Behältnis stellen, so daß die Anolis neben den gezielt angebotenen Futtertieren auch noch die davon angelockten Insekten fressen können. Steht die Konstruktion auf einem Rasenteil oder auf Gartenerde, wäre ein zusätzliches Substrat reine Verschwendung. Auf dem Balkon kann man sich mit einem Stück Kunstrasen behelfen, oder man stellt den Behälter in eine größere flache Plastikschale oder ein Blech und füllt diesen Untersatz mit Erde oder Rindenmulch. Ein oder zwei Topfpflanzen und ein Trinkgefäß, sowie einige Kletteräste machen die Unterbringung bei Luft, Licht und Sonne perfekt. Einen leichten Sonnenregen wird die Konstruktion nicht besonders übelnehmen, einen richtigen Gewitterregen wird sie jedoch ohne geeignete Schutzmaßnahmen nicht gut überstehen.

Ist man in der glücklichen Lage, seine Rotkehlanolis die gesamte Frühjahr/Sommer-Saison im Freien halten zu können, werden sie die Blumentöpfe bereitwillig als Eiablageplätze akzeptieren. Dann müssen die Eier aber schnellstmöglich entnommen und in einen Inkubator überführt werden, denn die Feuchtigkeit in der Blumenerde ist im Freien nicht konstant, es kann zu einer Schädigung der Eier durch Mikroorganismen in der Erde kommen. Durch die Sonneneinstrahlung besteht auch die Gefahr des Austrocknens. Außerdem wird man an den vielleicht schlüpfenden Jungtieren nicht lange seine Freude haben - bei der angegebenen Maschenweite werden sie innerhalb kurzer Zeit verschwunden sein.

Bei der Freilandhaltung gibt es einen Nachteil, der generell beachtet werden muß. Alle Bemühungen bei der Zimmerhaltung, Parasiten und Bakterien von seinen Pfleglingen fernzuhalten, sind bei einer Haltung im Freien von wenig Nutzen. Der Pfleger verliert dabei die Kontrolle und den Einfluß darüber, womit seine Rotkehlanolis in Kontakt kommen. Aus diesem Grund sollte man bei der Freilandhaltung auf eventuell auftretende Außenparasiten und das Aussehen und die Beschaffenheit von Kotabgaben besonders achten. Hunde, Katzen und Ratten müssen unbedingt von dem Gehege ferngehalten werden, und es muß ebenfalls sichergestellt sein, daß die Anolis auch vor dem Zugriff durch Vögel geschützt sind.

Wie man sehen kann, gibt es eine ganze Reihe von Möglichkeiten, die Anschaffungs- und/oder Betriebskosten eines Terrariums zu senken. Es gibt Terrarianer, die behaupten, eine optimale und artgerechte Haltung und Vermehrung von Amphibien und Reptilien wäre ohne die teuerste und raffinierteste Technik überhaupt nicht möglich - automatisch gesteuerte Benebelungsanlagen, Regenautomaten, computergesteuerte Beleuchtungen, die in der Anschaffung bereits mehr kosten, als manch einer im Monat verdient, sind da im Gespräch. Wenn wir uns aber trotz dieser verlockenden Hilfsmittel ein wenig Kreativität und Erfindungsgeist bewahren, wird die Terraristik weiterhin von der Liebe und dem Interesse an den Tieren leben und nicht wie so viele andere Dinge von der Höhe eines Bankkontos abhängen. Unabhängig davon, wie groß oder klein, wie aufwendig und teuer oder wie einfach und preiswert ein Terrarium nun gestaltet und betrieben wird, gibt es eine Reihe von Grundregeln, die jeder Pfleger einzuhalten hat. Im Gegensatz zur Natur, wo organische Abfallstoffe durch Mikroorganismen zersetzt werden und somit verschwinden, bleibt dem Terrarianer zur Beseitigung dieser nur das Einsammeln. Das sollte je nach Beckengröße regelmäßig alle ein bis zwei Wochen erfolgen. Dafür benötigt man einen alten Löffel, ein Stück Zeitungspapier und fünf bis zehn Minuten Arbeitszeit. Da man dabei immer etwas von dem Bodensubstrat entfernt, empfiehlt es sich, dieses hin und wieder etwas aufzufüllen. Alle sechs Monate sollte der komplette Bodengrund erneuert werden. Das Trinkwasser der Rotkehlanolis muß täglich gegen frisches ausgetauscht und das hierzu verwendete Gefäß gesäubert werden. Temperatur und Luftfeuchtigkeit bedürfen ebenfalls einer täglichen Kontrolle, damit diese keinen größeren Schwankungen unterliegen.

In einem Glasterrarium, in dem feuchtwarme Klimabedingungen herrschen, wird es zur Bildung von Kondenswasser kommen, das sich an den Scheiben sammelt und herunterläuft. Für viele Terrarianer stellen die zurückbleibenden Spuren, sowie die Kalkflecken vom Sprühwasser ein ziemliches Ärgernis dar. Dieser Zustand ist nur durch gelegentliches Putzen der Scheiben zu beheben, das aber nur mit einem Ledertuch, etwas Zitronensaft oder Essig geschehen sollte. Spirituswasser, Ammoniaklösungen oder andere chemische Reinigungssubstanzen sind ein Gesundheitsrisiko für die Tiere. Die im Zitronensaft enthaltene Säure oder mit Wasser verdünnter Essig lösen Kalkablagerungen relativ leicht von den Scheiben und können den Anolis nicht schaden. Wer allerdings mit solchen Reinigungsarbeiten wartet, bis man durch die Scheiben nicht mehr hindurchsehen kann, wird wohl in ein neues Terrarium investieren müssen.

Generell sollte ein Pfleger täglich etwas Zeit mit dem Beobachten seiner Tiere verbringen, denn nur so kann er sich davon überzeugen, daß sie gesund und aktiv sind, regelmäßig fressen und sich "normal" verhalten. Eine Viertelstunde pro Tag sollte nicht zuviel Zeitaufwand sein, zur Gesunderhaltung der Tiere.

Hier sind die langen und fein beschuppten Zehen eines Rotkehlanolis deutlich zu sehen. Foto: Michael Gilroy

Generell sind Rotkehlanolis, wie auch alle anderen Reptilien, keine "Kuscheltiere". Man entnimmt sie nicht ihrem Terrarium, um mit ihnen wie mit einer Katze oder einem Hund zu spielen oder ihnen Zuneigung durch tägliche "Streicheleinheiten" zu beweisen. Für das Anfassen solcher Tiere gibt es grundlegend nur zwei akzeptable Gründe, nämlich Reinigungsarbeiten im Terrarium oder Krankheitsfälle.

In diesen Fällen sollte ein Anolis immer mit Daumen und Zeigefinger hinter dem Kopf gegriffen und der Körper mit den restlichen Fingern und der Handinnenfläche gestützt werden. Auf diese Art kann man selbst ein sich wehrendes Tier unter Kontrolle halten, ohne es durch einen zu festen Griff zu verletzen.

Obwohl der Biß eines Rotkehlanolis nicht gefährlich ist, können die Zähne eines ausgewachsenen Männchens dank der kräftigen Muskulatur der Kiefer durchaus für blutende, wenngleich leichte Wunden sorgen. Hat das ergriffene Tier also die Möglichkeit, den Kopf in der Hand weit genug herumzudrehen, wird es die Chance nutzen und dem Pfleger in den Finger oder Daumen beißen. Ein solcher Biß kann aber bei dem Anolis größeren Schaden als am Finger des Halters anrichten. Versucht der Gebissene, seinen Finger mit viel Kraft oder einem Ruck aus dem Maul des Tieres zu reißen, können Kiefer und Zähne eines Rotkehlanolis verletzt werden, besonders dann, wenn man versucht, den Kiefer des Tieres aufzudrücken. Sicher ist es kein besonders angenehmes Gefühl, einen Anolis am Finger hängen zu haben. Dennoch sollte man Ruhe bewahren, das Tier in sein Terrarium zurückbringen und es möglichst mit etwas Freßbarem vom eigenen Finger ablenken - normalerweise wird dieser schnell gegen ein "Lösegeld" in Form einer Grille freigegeben.

Ein Rotkehlanolis sollte niemals am Schwanz ergriffen oder festgehalten werden, da dieser relativ leicht abbricht. Die Bruchstelle stellt zwar keine schwere Verletzung dar, bietet Bakterien jedoch trotzdem einen guten Nistplatz, und es kann zu einer Infektion kommen. An der Bruchstelle wächst ein neues Stück Schwanz nach, jedoch ist das Regenerat generell kürzer, dunkler gefärbt und läuft meistens nicht spitz zu. Im Vergleich mit dem Originalschwanz, der gewöhnlich bis zu zwei Dritteln der gesamten Körperlänge einnimmt und beim Springen als Steuer dient, ist das Regenerat ein nutzloser, stummelartig kurzer Anhang. Das verursacht dem Anolis zwar keine Gesundheitsprobleme, schön sieht es jedoch nicht aus. Der wichtigste Grund, weshalb das Anfassen der Tiere unterlassen werden sollte ist, daß der Kontakt mit der Menschenhand Streß verursacht. So verursacht der Pfleger bereits Streß, wenn er vor dem Terrarium steht und seine Anolis beobachtet, das Wasser wechselt oder die Scheiben putzt. Von einem Menschen ergriffen und festgehalten zu werden, bedeutet für ein solches Tier extremen Streß. Die häufigste Grundlage für die meisten Erkrankungen ist Streß, den man bereits selbst als Krankheit mit typischen Symptomen bezeichnen könnte. Nervosität, Appetitlosigkeit, Masseverlust und unnatürliche Verhaltensweisen sind Anzeichen dafür, daß ein Tier unter Dauerstreß steht. Dieser muß nicht zwangsläufig vom Pfleger ausgelöst werden, sondern kann auch Folge permanenter Unterdrückung durch ein dominanteres Tier, schlechter Klimabedingungen oder einer in anderer Weise nicht artgerechten Haltung sein.

Rechts: Ein Rotkehlanolis bei der Häutung. Foto: Burkhard Kahl

Gegenüberliegende Seite: Kubaanolis *(Anolis equestris)* sind große und aggressive Tiere, die schmerzhaft beißen können. Foto: M. Panzella

Anolis sagrei (Brauner Anolis) mit seiner farbenprächtigen Kehlfahne.

Der Dickkopf-Anolis *(Anolis cybotes)* von Hispaniola ist auch nach Florida verschleppt worden.

Die Ernährung von Rotkehlanolis ist nicht schwierig. Allerdings sicherzustellen, daß die Tiere das richtige Futter und davon ausreichende Mengen erhalten.

Rotkehlanolis sind insektenfressende, also insektivore Echsen, die sich bis auf wenige Ausnahmen von nichts anderem ernähren. Einer der Fehler, die der Verfasser in seiner Kindheit bei der Ernährung seines kleinen Anolis machte, war das Verfüttern von Regenwürmern. Die Fliegen waren da schon eine bessere Lösung, nur sind bei dem ausgesprochen schnellen Stoffwechsel dieser Tiere die vergleichsweise nährstoffarmen Fliegen allein natürlich nicht ausreichend, um einen Anolis am Leben zu erhalten.

Rotkehlanolis bevorzugen weiches Futter und benötigen davon reichliche Mengen. Auf den folgenden Seiten werden die bekanntesten Futtertierarten zur Ernährung von Rotkehlanolis aufgeführt und deren Vor- und Nachteile besprochen.

Mehlwürmer
Bei den Mehlwürmern handelt es sich um

die Larven der kleinen schwarzen Mehlkäfer *(Tenebrio)*. Diese fälschlicherweise als Würmer bezeichneten Käferlarven kann man im Zoogeschäft kaufen. Die Käfer benutzen die Futtermischung für die Larven auch gleichzeitig als Eiablagesubstrat. Dabei handelt es sich vornehmlich um Haferflocken, Kornflakes, Hundetrockenfutter und ähnliches. Hält man diese Futtermischung gut trocken, so daß sich keine Schimmelpilze bilden können, vermehren sich die Mehlkäfer darin fleißig.

Da werden sie nicht von allen Rotkehlanolis gefressen. Mehlwürmer besitzen einen relativ starken Chitinpanzer und sind sehr fetthaltig. Sie sind ein schlecht verdauliches und nährstoffarmes Futter. In größeren Mengen oder ausschließlich verfüttert, können sie daher schwere Verdauungsstörungen und Mangelerscheinungen zur Folge haben. Trotzdem werden sie zwischendurch und zur Abwechslung gerne angenommen, was besonders für frisch gehäutete, weiße Mehlwürmer und für die kleinen hellen Puppen gilt. Die fertigen Käfer kann man ebenfalls anbieten, sie werden aber nur selten gefressen, sind ebenfalls stark chitinhaltig und nicht nahrhafter als ihre Larven.

Obwohl es Untersuchungsergebnisse geben soll, die aufzeigen, daß Mehlwürmer zu 90% verdaulich sind, Grillen dagegen nur zu 70%, sprechen die Erfahrungen vieler Terrarianer dagegen. Es sind Fälle bekannt, bei denen in großen Mengen verfütterte Mehlwürmer den Verdauungstrakt der Echsen nur in angedautem Zustand wieder verlassen haben. Andere Pfleger berichten über das Auswürgen von halb- oder unverdauten Mehlwürmern. Wie dem nun auch sein mag, Mehlwürmer sind nicht als Hauptnahrung geeignet, und so wie sie im Geschäft gekauft werden auch kein besonders wertvolles Futter. Deshalb sollten sie in jedem Fall erst einmal für wenigsten einen Tag mit einer gehaltvollen Trockenfuttermischung etwas "aufgepäppelt" werden. Vor dem Verfüttern werden sie noch mit einem Vitamin-Mineralstoffpulver bestäubt - mit diesen Maßnahmen kann man ihren Chitinpanzer zwar nicht wegzaubern, dafür wird aber zumindest ihr Nährstoffgehalt etwas erhöht.

Mehlwürmer sollten immer in einem Gefäß verfüttert werden, aus dem sie nicht herauskriechen können. Einfach im Terrarium verteilt, würden sie sich sofort in das

Bodensubstrat bohren und sich so den hungrigen Anolis entziehen. Da es sich um zähe kleine Larven handelt, würden sie den Bodengrund für einige Tage durchgraben und auf eventuell abgelegte Anoliseier stoßen, und Mehlwürmer haben Echseneier „zum Fressen gern". Füllt man sie dagegen in ein glattwandiges Gefäß, kann es dazu gar nicht erst kommen, und die Anolis werden die Mehlwürmer auch aus dieser Futterschale fressen.

Generell sind sie aber nicht ganz so schlimm wie ihr Ruf. Auch entsprechen Berichte darüber, daß sie sich, unzerkaut von der Echse verschluckt, durch deren Eingeweide fressen, nicht den Tatsachen. Jedenfalls ist ein toter Echsenkörper in einem Terrarium, neben dem ein Mehl-

Schwarzkäferlarven

Diese Futtertiere sind, wie der deutsche Name schon sagt, die Larven eines Schwarzkäfers, nämlich von Zophobas morio. Mit einer Länge von bis zu 5 cm und einem entsprechenden Körperumfang sehen sie wie riesige Mehlwürmer aus, von denen sie sich allerdings in wesentlichen Punkten unterscheiden. Sie besitzen zwar ebenfalls einen Chitinpanzer, der jedoch weicher ist und eine größere Körpermasse umgibt. Das macht zu einem besser verdaulichen, nahrhaften Futter. Allerdings eignen sich die ausgewachsenen Larven nur für Echsen, die groß genug sind, einen solchen Futterbrocken auch zu bewältigen. Für Rotkehlanolis würden sich junge bis halbwüchsige Schwarzkäferlarven

Eine Schwarzkäferlarve erreicht eine Länge von etwa 5 cm und ist viel nahrhafter als ein Mehlwurm.

wurm entdeckt wird, kein Beweis dafür, daß dieser die Echse getötet und sich aus ihrem Inneren in die Freiheit des Terrariums durchgefressen hat. Es ist Tatsache, daß Mehlwürmer auch Aas fressen, wenn sie die Gelegenheit dazu haben, jedoch ist das auch von Grillen und anderen Insekten bekannt. Man sollte sich also nicht abschrecken lassen und Mehlwürmer von Zeit zu Zeit als Abwechslung anbieten.

Gegenüberliegende Seite: Ein Rotkehlanolis beim Verzehr einer Grille.

anbieten, die wie Mehlwürmer ebenfalls in einem ausbruchsicheren Gefäß verfüttert werden sollten.

Der Käfer selbst wird nur von wenigen Echsen gefressen. Er verspritzt bei Bedrohung ein Abwehrsekret, das ähnlich wie Ammoniak riecht, und ihr Panzer ist ausgesprochen hart. Sie leben bevorzugt auf dunkler, leicht feuchter Erde, in die sie ihre Eier ablegen. Die schlüpfenden Larven ernähren sich von einer Trockenfuttermischung, wie sie auch für Mehlwürmer verwendet wird, zuzüglich kleinen Obststücken und weichem Holz. Letzteres verschafft dem Terrarianer nebenbei sehr schöne, skurril gestaltete Dekorations-

Eine ausgewachsene schwarze Zweifleckgrille ist für größere Anolis ein gutes Futtertier. Für kleinere Arten ist sie zu wehrhaft.
Foto: Michael Gilroy

stücke. Die Puppen werden separat in kleinen Behältern wie Filmdosen aufbewahrt, bis die Käfer schlüpfen.

Diese "Riesenmehlwürmer" sind ebenfalls im Handel erhältlich. Trotz der besseren Verdaulichkeit und dem höheren Nährwert eignen sich Schwarzkäferlarven gleichfalls nur als Beifutter, keinesfalls jedoch als hauptsächliche oder gar alleinige Ernährungskomponente.

Schaben

Für viele sind Schaben eine geradezu entsetzliche Vorstellung, doch für unsere Rotkehlanolis sind sie sehr beliebte Futtertiere. Da es sich hier auch nicht um die Gewöhnliche Küchenschabe, sondern überwiegend um die Argentinische Waldschabe handelt, die sich bei normalen Zimmertemperaturen nicht vermehrt, kann der Pfleger beruhigt sein. Die flinken, lichtscheuen Gesellen sind das ballaststoffreiche "Vollkornbrot" unter den Futterinsekten. Auch hier sind die ausgewachsenen Schaben nur für große, kräftige Echsen geeignet, kleine sind hingegen für Rotkehlanolis ideal; sie können ebenfalls über den Futtertierhandel bezogen werden.

Wegen ihrer Lichtscheuheit sollten auch sie in einem entsprechenden Futternapf angeboten werden, da sie sich sonst sofort in

Dieser Anolis scheint nicht hungrig zu sein. Große Grillen sollten nicht über Nacht in einem Terrarium verbleiben, denn sie machen in ihrer Freßgier auch vor einer schlafenden Echse nicht halt. Foto: Michael Gilroy

dunklen Ecken, unter Wurzeln oder Steinen und im Bodengrund verstecken. Sie ernähren sich von allem Freßbaren, also von der erwähnten Trockenfuttermischung, Küchenabfällen und ähnlichem. In eine lichtdichten Plastikkiste mit einigen Luftlöchern im Deckel, mehreren ineinandergestapelten Eierkartons als Versteckmöglichkeiten und der Trockenfuttermischung als Substrat, lassen sie sich mit Hilfe einer kleinen Wärmequelle oder an einem gut temperierten Standort leicht halten und vermehren. Schaben sind ein gutes und nahrhaftes Futter, das allerdings als Hauptnahrung wiederum nicht ausreichend ist.

Wachsmaden
Wachsmaden sind die Larven der Wachsmotte, einem bei Bienenzüchtern verhaßten Wachswabenschädling. In den meisten Zoofachgeschäften können Zuchtansätze gekauft werden, die man in einem belüfteten, absolut ausbruchsicheren Behälter mit Bienenwachs am Leben erhalten und züchten kann. Dieser Behälter muß warm stehen, da sonst keine Vermehrung stattfindet. Die Ernährung kann auch durch einen künstlichen Futterbrei erfolgen, wenn Bienenwachs nicht verfügbar ist.

Wachsmaden sind das Gegenteil von Schaben - sie sind der "süße Pudding" auf dem Speiseplan von Echsen. Die kleinen, weichen, weißlichen Maden werden gern gefressen, ebenfalls in einem Gefäß angeboten und sind wiederum nicht als Hauptnahrung geeignet. In größeren Mengen und regelmäßig verfüttert, führt ihr hoher Fettgehalt im schlimmsten Fall zu Leberschäden, Nierenversagen und/oder Herzverfettung - in leichten Fällen "lediglich" zu ernsten Verdauungsstörungen und Fettleibigkeit. Die Motten selbst werden ebenfalls gern gefressen.

Fliegenmaden
Fliegenmaden sind klein und ausgesprochen robust. Wegen ihrer geringen Größe und der Tatsache, daß sie gern gefressen werden, kann es dazu kommen, daß sie von großen Echsen einfach hinuntergeschluckt werden, ohne daß sie vorher zwischen den Zähnen getötet wurden. Vermutlich sind bei einigen Echsen die Verdauungssäfte nicht aggressiv genug, um die lebend in den Magen gelangenden Maden umzubringen. Dieser Umstand führte in einigen belegten Fällen dazu, daß sie im Verdauungssystem der Echsen noch geraume Zeit weiterlebten

Grillen sind immer ein gefundenes Fressen!

und begannen, sich von deren Innereien zu ernähren. Die Fraßwunden führten natürlich zu inneren Blutungen und schweren organischen Schäden, die die Echsen letztlich nicht überlebten. Autopsien ergaben dann das Vorhandensein von Fliegenmaden im innerlich zerstörten Körper.

Generell sollte man daher vielleicht am besten gänzlich auf das Verfüttern von Fliegenlarven verzichten. Man kann sie stattdessen bei Zimmertemperatur solange in einem Gefäß aufbewahren bis daraus Puppen werden und schließlich Fliegen schlüpfen, die man dann verfüttert. Sie sind völlig unbedenklich, sollten jedoch erst einige Tage angefüttert werden.

Grillen
Grillen kann man als das Standardfutter für Echsen bezeichnen, und sie sind in unterschiedlichen Größen erhältlich. Sie können sogar von Futtertierzüchtern über ein Abonnement auf dem Postweg in den gewünschten Mengen und Lieferabständen bestellt werden. Von den zahlreichen bekannten Grillenarten sind für die Terraristik die Zweifleckgrillen und die Steppengrillen am interessantesten.

Die große, schwarze Zweifleckgrille -sie hat auf jedem Flügelansatz einen hellen Fleck- besitzt einen recht harten Chitinpanzer und ist wegen ihrer Größe und Wehrhaftigkeit - sie verfügt über ausgesprochen kräftige Mundwerkzeuge (Mandibeln) - nur etwas für große und kräftige Echsen. Die Larvenstadien können jedoch bedenkenlos auch an kleinere Terrarientiere verfüttert werden. Manchmal wird man im Zoohandel gezielt danach fragen müssen, denn es werden oft nur ausgewachsene Grillen dieser Art angeboten.

Für unsere Zwecke ist die Steppengrille besser geeignet. Sie ist weicher, kleiner, besitzt viel kleinere Mandibeln und ist in allen Entwicklungsstadien erhältlich. Obwohl sie oft als Heimchen bezeichnet werden, benötigen sie für ihre Vermehrung viel höhere Temperaturen (27 bis 30°C) als die echten einheimischen Heimchen, von denen man lieber die Finger lassen sollte. Da auch Grillen aus dem Handel nicht besonders nahrhaft sind, sollte man sie vor dem Verfüttern einige Tage nährstoff-, mineralstoff- und vitaminreich ernähren. Man bringt die Grillen in einem belüfteten und gut schließenden Plastik- oder Glasbehälter unter, den man mit mehreren ineinandergestapelten Eierkartons oder leeren, zusammengedrückten Toilettenpapierrollen bestückt. So können sich die kannibalistisch veranlagten Tiere voreinander verstecken. Als Wärmequelle kann

Grillen lieben Obst. Eine dünne, mit Vitamin- und Mineralienpulver bestreute Orangenscheibe wird gern gefressen und erhöht so den Wert der Futterinsekten.
Foto: William B. Allen

Heuschrecken gibt es in vielen unterschiedlichen Größen und Farben. Auch wenn sie in der Natur gerne gefressen werden, ist beim Insektenkeschern Vorsicht geboten - manche Arten stehen unter Naturschutz, und einige haben giftige Abwehrsekrete. Foto: Michael Gilroy

eine Glühlampe oder ein schwaches Heizkabel dienen. Das Bodensubstrat kann aus der erwähnten Trockenfuttermischung oder auch aus unbehandeltem Sägemehl oder Papiertüchern bestehen. Werden kleine Obststücke angeboten, kann auf eine kleine, sehr flache Wasserschale verzichtet werden. Außerdem können neben dem Trockenfutter und Obst zusätzlich Hundepellets, Karottenschalen, Fischtrockenfutter und ähnliches angeboten werden. Alle Arten von Frischfutter sollten in einer flachen Schale gereicht werden, da das Bodensubstrat durch die Feuchtigkeit schimmeln könnte und sich dann schnell Kolonien von Milben und Obstfliegenmaden bilden. Über das Futter gestreutes Vitamin- und Mineralstoffpulver gibt den Grillen den richtigen Wirkstoffgehalt.

Auf diese Weise lassen sich sowohl Step-

pen- wie auch Zweifleckgrillen einfach halten. Für die Zucht benötigt man lediglich einen weiteren kleinen, mit leicht feuchter Blumenerde gefüllten Plastik- oder Glasbehälter, der im Deckel einen Gazeeinsatz hat, durch den die Weibchen ihren Legestachel schieben und ihre Eier in das Substrat legen können. Werden die ersten Mikrogrillen gesichtet, fängt man die großen Tiere heraus und setzt sie in einen neuen Zuchtbehälter um oder verfüttert sie. Auf diese Weise kann man zu jeder Zeit auf Futtergrillen der verschiedensten Größen zurückgreifen und ist vom Handel unabhängig.

Generell ist darauf zu achten, daß Grillen weder absolute Trockenheit noch eine zu hohe Feuchtigkeit vertragen. Das Eiablagesubstrat muß hingegen stets leicht feucht sein. Da Calcium ein wichtiger Bestandteil zur Gesunderhaltung von Echsen ist, sollte man die Grillen zusätzlich mit zerriebener Sepiaschale füttern, die gewöhnlich für Vögel im Handel ist. Die frischgeschlüpften und größeren Junggrillen stellen dieselben Pflegeansprüche wie die Alttiere, sollten aber wegen des bereits erwähnten Kannibalismus von diesen separiert werden.

Vor dem Verfüttern werden die Grillen möglichst in einen hohen, zylinderförmigen

sich generell alle mehr oder weniger einfach vermehren. Alle Futterinsekten sollten für jede zweite Fütterung in gleicher Weise mit Vitaminen und Mineralstoffen bestäubt werden, -es ist die beste Methode, um Mangelerscheinungen vorzubeugen.

In den warmen Sommermonaten kann man natürlich mehr Abwechslung in die Ernährung der Rotkehlanolis bringen. Auf abgelegenen Wiesen, in Waldgebieten oder

Die Beckenknochen an der Schwanzbasis sind ein guter Anzeiger dafür, ob ein Anolis genug Futter erhält. Dieses Tier hier macht einen wohlgenährten Eindruck.
Foto: Michael Gilroy

Behälter gesammelt, in dem sich eine Mischung aus Vitamin- und Mineralstoffpulvern befindet. Wird dieser Behälter nun zugehalten und leicht geschüttelt, werden alle Grillen gleichmäßig mit der Pulvermischung bestäubt und können anschließend im Terrarium verteilt werden. Beim Verfüttern von großen Zweifleckgrillen muß unbedingt darauf geachtet werden, daß überzählige, nicht gefressene Exemplare nicht über Nacht im Terrarium belassen werden. Grillen ernähren sich von allem was ihnen Freßbar erscheint - es wäre nicht das erste Mal, daß ein Reptil auf diese Art über Nacht seinen Schwanz oder andere Körperteile, in extremen Fällen sogar sein Leben einbüßt.

Die hier aufgeführten Futtertierarten lassen

im eigenen Garten können Wildinsekten gekeschert werden, die einen guten Nährstoffgehalt besitzen und vor dem Verfüttern nicht "präpariert" werden müssen.

Allerdings dürfen sie keinesfalls von chemisch behandelten oder schwermetallbelasteten Fundorten stammen. Also sind mit Insektiziden verseuchte Wiesen, chemisch gedüngte Anbauflächen und der Grünstreifen neben der Hauptstraße keine geeigneten Sammelstellen. Es muß aber darauf hingewiesen werden, daß Wildinsekten, obwohl solche Vorfälle nur selten bekannt werden, als Überträger einiger Parasiten fungieren können, die dem Immunsystem eines Rotkehlanolis unbekannt sind und verheerenden Schaden anrichten können.

Ein weiteres mögliches Beifutter für Rotkehlanolis sind verschiedene süße Früchte, die wenngleich nicht von allen, so doch von einigen Tieren gerne gefressen werden. Weiche, süße Sorten wie Pfirsich, Banane, Nektarine, Papaya, Kiwi oder Mango, mit etwas Honig vermischt, lassen auch dem einen oder anderen Rotkehlanolis einmal davon naschen. Es sollten jedoch nur kleine Mengen in einem Schälchen angeboten und die Reste noch am selben Tag wieder aus dem Terrarium entfernt werden. Durch das feuchtwarme Klima im Becken kommt es sehr schnell zu Schimmelbildung.

Nachdem nun eine reichliche Futterauswahl feststeht, ergibt sich noch die Frage nach dem Wieviel und Wie oft. Die Antwort darauf, sie ist von zu vielen unterschiedlichen Faktoren abhängig. Ein ausgewachsener Rotkehlanolis benötigt etwa vier oder fünf mittelgroße Grillen pro Tag oder ein entsprechendes Äquivalent in Mehlwürmern, Schaben oder anderem Futter. Generell reicht eine Fütterung alle zwei Tage für Alttiere aus; Jungtiere sollten täglich mit entsprechend kleineren Insekten und Mengen gefüttert werden. Stellt der Pfleger fest, daß bei regelmäßigen Fütterungen nur die Hälfte der Futtermenge oder sogar gar nicht gefressen wird, ist das ein Anzeichen dafür, daß die Futterportionen zu reichhaltig sind. Um eine Überfütterung zu verhindern, soll-

Ein Rotkehlanolis jagt im trockenen Laub nach Futter - wie man sehen kann, mit Erfolg. Foto: E. Radford

Anolis benötigen viel Futter. Sie befinden sich ständig auf der Jagd. Ein Tier frißt pro Tag
etwa vier bis fünf Futtertiere wie Grillen oder Mehlwürmer.
Foto: Michael Gilroy

te entweder auf ein bis zwei Futtertiere pro Mahlzeit verzichtet oder eine Fütterung komplett ausgelassen werden.

Wasser ist ein oft vernachlässigter Faktor in der Echsenhaltung. Rotkehlanolis benötigen vergleichsweise viel Wasser, nur trinken sie nicht gerne aus einem Wassernapf. Ein Anolis trinkt etwa einen halben bis ganzen Teelöffel Wasser täglich. Er nimmt diese Menge durch das Ablecken von Wassertropfen von den Terrarienscheiben und Pflanzen auf. Diese Wassertropfen entstehen durch das tägliche Sprühen und die Bildung von Kondenswasser, können aber auch noch auf eine andere Art erzeugt werden. Ist das Terrarium mit einem größe- ren, mehr zu Dekorationszwecken gedach- ten Wasserteil ausgestattet, kann man mit einer Aquarienpumpe einen kleinen Wasserfall schaffen. Es entsteht Spritzwasser auf den Blättern der Pflanzen und anderen Einrichtungsgegenständen. Allerdings muß hierbei ein Durchnässen des Bodensubstrates unbedingt verhindert werden.

Es gibt natürlich noch andere Möglichkeiten, den Wasserteil eines Terrariums zu gestalten. In einem wirklich großen Vitrinenterrarium, können kaskadenartige Wasserfälle und kleine, sich verzweigende Flußläufe kreiert werden, die sich positiv auf Luftfeuchte und Pflanzenwuchs auswirken.

Anolis trinken nicht aus einem Wassernapf. Durch tägliches Sprühen sollte für
ausreichendes Tropfwasser auf Pflanzen
und an Scheiben gesorgt werden.
Foto: Michael Gilroy

Wenn man mit der Haltung von Rotkehlanolis erfolgreich ist, gibt es eigentlich keinen Grund dafür, daß das bei ihrer Vermehrung anders sein sollte. Allerdings sind Kenntnisse darüber erforderlich, wie sich die Fortpflanzung von Rotkehlanolis in der Natur gestaltet, damit man die geeigneten Voraussetzungen auch bei der Terrarienhaltung schaffen kann.

Zum Beginn der Wintermonate begeben sich Rotkehlanolis in ihrem natürlichen Lebensraum in eine Ruhephase, die einige Wochen andauert. Nur an besonders schönen, wärmeren Tagen verlassen sie ihre Ruhequartiere. Rotkehlanolis aus den nördlichen Bereichen des Verbreitungsgebietes halten eine richtige Winterruhe. Ruhephasen sind für Anolis sehr wichtig, denn sie bilden die Voraussetzung für eine erfolgreiche Vermehrung und müssen deshalb auch im Terrarium eingehalten werden.

Zu diesem Zweck beginnt man, ab Oktober die Futtergaben zu reduzieren und schließlich einzustellen. Zur gleichen Zeit werden auch die Beleuchtungsdauer und Temperaturen langsam verkürzt beziehungsweise gesenkt. Bis kein Futter mehr verabreicht wird, sollten die Tageslichtlänge auf 8 Stunden und die Tagestemperaturen auf 18 bis 20°C reduziert sein; die Nachttemperaturen sind auf 10 bis 15°C zu senken. Von diesem Zeitpunkt an, sollte der Pfleger sie auch nicht in ihrer Ruhephase stören.

Sind die Tiere gelegentlich draußen zu sehen, kann man Futter anbieten, was aber nur selten angenommen wird. Hatten sie während der Sommermonate ausreichende Futtermengen zur Verfügung, besitzen sie so viel Fettreserven, daß sie in der Ruheperiode kein Futter benötigen. Nach fünf bis sechs Wochen werden die Temperaturen wieder langsam gesteigert, die Beleuchtungsdauer verlängert und regelmäßig kleinere Futtermengen angeboten. Die Steige-

Anolis bei der Paarung. Das Männchen hält seine Partnerin durch einen Nackenbiß fest und schiebt seinen Hinterleib unter ihren. Foto: R. Allan Winstel

Rotkehlanolis paaren sich sowohl auf dem Boden als auch in Sträuchern oder auf niedrigen Bäumen. Foto: Michael Gilroy

rung auf normale Sommerwerte geschieht ebenfalls langsam und über einen Zeitraum von mehreren Wochen.

Hat die Tageslänge wieder 12 bis 14 Stunden erreicht und die Tagestemperaturen liegen bei optimalen 27°C, werden wieder die gewohnten Futtermengen gereicht. Kurze Zeit später sind dann bereits die ersten Werbungsversuche zu beobachten. Das Männchen nähert sich dem Weibchen mit aufgespreizter Kehlfahne und unter heftigem Kopfnicken. Das Weibchen wird eventuell versuchen zu fliehen. Das Männchen wird ihr unablässig folgen, bis es die Möglichkeit hat, einen Genickbiß anzusetzen und den Wettlauf damit zu beenden. Läßt das Weibchen diesen Nackenbiß zu, signalisiert es dadurch seine Paarungsbereitschaft. Hat das Männchen seine Partnerin fest im Griff, schiebt er seinen Körper seitlich unter sie, wickelt seinen Schwanz um ihren und führt dann einen seiner beiden Hemipenis ein. Eigentlich handelt es sich dabei um ein Geschlechtsorgan, welches in seinem oberen Abschnitt geteilt ist, was dem Männchen die freie Wahl läßt, entsprechend seiner Position zum Weibchen entweder den rechten oder den linken Hemipenis einzusetzen. Ein Paarungsakt dauert ungefähr 5 Minuten; er kann aber innerhalb der nächsten Tage mehrfach wiederholt werden.

Einmal befruchtet, können die Weibchen das Sperma im Körper speichern und so ohne weitere Paarungen für den Rest der Brutperiode (etwa 4 bis 5 Monate) weiterhin befruchtete Eier produzieren. In der Natur dauert die Fortpflanzungssaison etwa von Mai bis September; sie kann sich jedoch unter der Einwirkung von künstlich erzeugten Temperaturen und Tageslichtlängen im Terrarium verschieben.

Nach der Paarung benötigt das trächtige Weibchen erhöhte Calciummengen, Wärme, besonders gutes Futter und vor allem Ruhe. Zum Ende der Tragzeit sucht es sich einen feuchten und warmen Ablageplatz, wo ein kleines Loch gegraben wird. Dorthinein legt das Weibchen ein, selten zwei daumennagelgroße Eier, plaziert sie mit der Schnauze gut und schließt das Loch wieder. Ist es dem Pfleger nicht möglich, diesen Vorgang zu beobachten, ist ein plötzlich viel schlankeres, vor den Hinter-

beinen leicht eingefallenes Weibchen ein sicheres Zeichen dafür, daß die Eiablage stattgefunden hat. Den Ablageplatz mit bloßem Auge zu entdecken, ist meist recht schwierig. Zwei Wochen später wiederholt sich dieser Vorgang, und innerhalb einer Saison werden so etwa 10 Eier abgelegt.

Die Eier werden in einen Inkubator überführt. Dafür wird ein Plastik- oder Glasbehälter mit feuchtem Vermiculit oder feuchten Sand gefüllt. In diesem Zeitigungssubstrat werden die Eier zur Hälfte eingebettet, wobei ihre ursprüngliche Lage nicht verändert werden darf. Ein Umdrehen der Eier würde den Keimling umbringen. Die ideale Zeitigungstemperatur liegt bei 30°C. Der Inkubator sollte mit einem Deckel verschlossen sein, der einige kleine Luftlöcher hat. So kann es nicht zu Stauluft kommen, Feuchtigkeit und Wärme bleibt jedoch im Brutkasten. Einmal wöchentlich sollten die Eier kontrolliert werden, um ein eventuell verdorbenes Ei rechtzeitig entdecken und entfernen zu können.

Nach 40 Tagen schlüpfen die Jungtiere aus. Sie messen zwischen 5 und 6 cm, wovon der Schwanz bereits ungefähr die Hälfte der Gesamtlänge einnimmt. Sie erreichen schon nach wenigen Monaten mit einer Gesamtlänge von 10 bis 13 cm Geschlechtsreife, paaren sich aber nicht vor Beendigung der ersten winterlichen Ruhephase. Auch in der Natur finden Paarungen nicht vor Erreichen eines Alters von einem Jahr statt, woran man sich bei der Terrarienhaltung in jedem Fall halten sollte. Generell sind Anolisweibchen über viele Jahre hinweg fruchtbar, wobei die Zeugungsfähigkeit der Männchen noch länger anhält.

Die jungen Rotkehlanolis beziehen ein geeignet großes Aufzuchtterrarium und benötigen Unmengen von kleinen Futtertieren - wie flug-unfähige *Drosophila*, Wiesenplankton, frischgeschlüpfte Mehlwürmer, Schaben und Grillen. Außerdem brauchen sie ausreichende Calcium- und Phosphormengen für einen gesunden und kräftigen Knochenbau. Ihr Calciumbedarf ist etwa zwei- bis dreimal so groß wie der der Eltern. Wie die Elterntiere benötigen natürlich auch die Jungen eine Tageslichtbeleuchtung, gleiche Temperaturen und Luftfeuchte - also ein komplettes Rotkehlanolis-Terrarium in kleinerer Ausführung.

Wenn die jungen Männchen erwachsen werden, ist der Zeitpunkt gekommen, sie zu separieren. Anderenfalls sind ziemlich heftige Auseinandersetzungen unter ihnen die Folge. Hat man selbst nicht den Wunsch, seine Nachzuchttiere aufzuziehen und später zur weiteren Zucht zu verwenden, kann man sie an andere interessierte Terrarianer weitergeben oder vielleicht auch an einen Zoogeschäft verkaufen. Eines sollte jedoch von vornherein bedacht werden - reich kann man mit dem Verkauf von Rotkehlanolis-Nachzuchten nicht werden. Weiß man also bereits im voraus, daß man die Tiere weder behalten noch verkaufen kann, sollte man sich selbst und die Tiere nicht den Mühen und Strapazen der Fortpflanzung aussetzen.

Die Weibchen des Rotkehlanolis legen ihre Eier gewöhnlich einzeln und in Abständen von zwei Wochen ab. Diese haben die Größe eines Daumennagels. Hier Eier, die in einem aufgegebenen Termitenhaufen abgelegt wurden.
Foto: Dr. Guido Dingerkus

Obwohl man bei einer korrekten Haltung davon ausgehen könnte, daß man sich mit Erkrankungen von Rotkehlanolis nicht befassen muß, kann man sich trotz aller Vorsichtmaßnahmen eine Krankheit einschleppen. Deshalb folgen hier noch einige Hinweise auf häufiger auftretende Erkrankungen. Beginnen wir mit den Parasiten.

Zecken und Milben

Zecken und Milben treten bei Anolis seltener auf als bei anderen Reptilien, was eventuell mit den kleinen und eng am Körper anliegenden Schuppen im Zusammenhang steht. Besonders Zecken bevorzugen Tiere mit einer gröberen Hautstruktur und speziell solche, bei denen sie mühelos unter die Schuppen gelangen können. Bei wildlebenden Rotkehlanolis wie auch bei Terrarientieren, die in unsauberen Verhältnissen untergebracht sind, können speziell um das Maul, die Augen und die Ohröffnungen herum die kleinen roten Blutsauger entdeckt werden, die man als Milben bezeichnet. Zecken sind dagegen rundliche, schwarze oder dunkelbraune Lebewesen,

die ihre winzigen Köpfe tief in die Haut ihres Wirtes hineinbohren und sich so ebenfalls von seinem Blut ernähren. Sie sind im Gegensatz zu den viel kleineren Milben deutlich mit bloßem Auge zu entdecken.

Zur Milbenbekämpfung kann man den Rotkehlanolis in ein Quarantänebecken überführen, in das ein Stück Insektenstrip in einem Tee-Ei oder einem anderen verschlossenen aber luftdurchlässigen Behälter gehängt wird. Die freiwerdenden Gase töten die Parasiten innerhalb von wenigen Tagen. In dieser Zeit darf sich kein Futter in dem Becken befinden, denn das würde natürlich ebenfalls vergiftet werden. Diese Prozedur muß nach etwa 10 Tagen wiederholt werden, da der Wirkstoff zwar die Milben, nicht jedoch deren Eier umbringt. Während der gesamten Behandlungsdauer bleibt der Anolis in Quarantäne. Inzwischen wird das Terrarium komplett ausgeräumt, alle wiederverwendbaren Gegenstände abgebrüht oder anderweitig desinfiziert. Alle nicht wieder zu benutzenden Einrichtungsteile werden gegen neue ausgetauscht. Das Becken selbst wird eben-

Diese Bandwürmer wurden in einem Chamäleon entdeckt; sie können aber auch bei Anolis gefunden werden.
Foto: Paul Freed

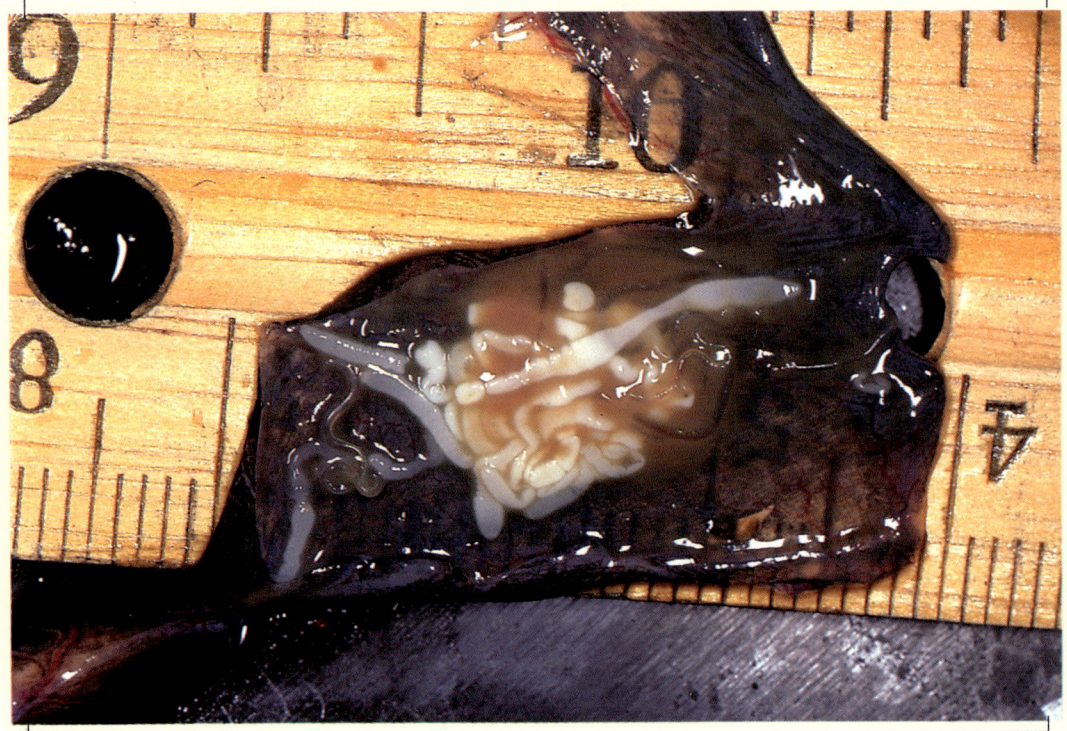

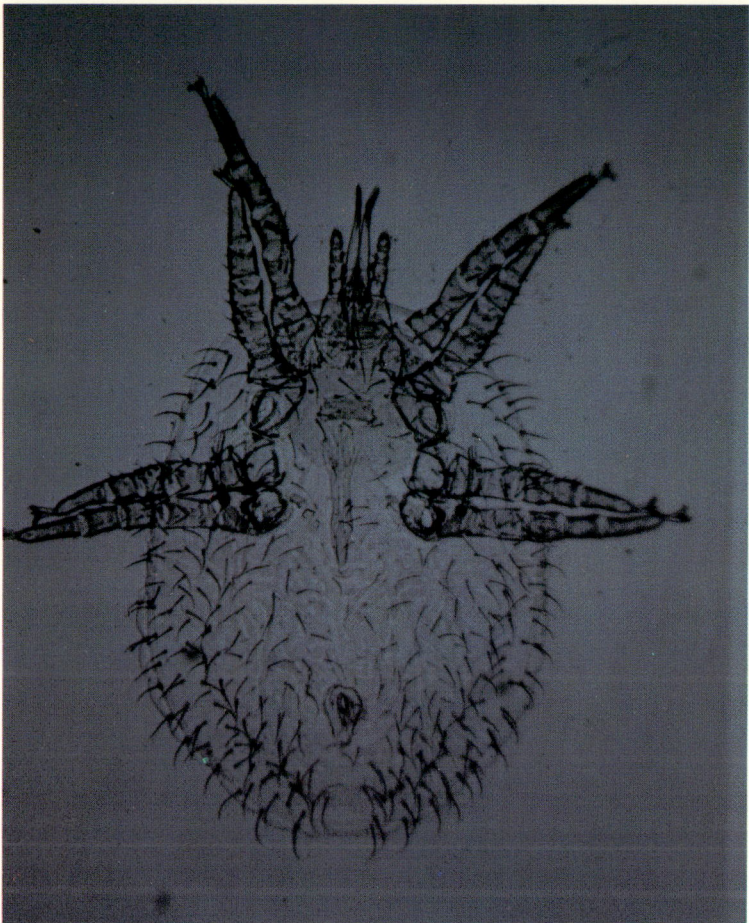

Einige Parasiten können nur unter einem Mikroskop entdeckt werden, jedoch sieht man Blutmilben meistens auch mit dem bloßen Auge. Sie fallen durch ihre rote Farbe auf. Foto: Dr. Frederic Frye

falls gründlich gereinigt und desinfiziert. Zecken werden mit Hilfe einer Pinzette dicht hinter dem Kopf gegriffen und durch leichtes Drehen entfernt. Man sollte sie nicht einfach herauszureißen versuchen. Hierbei kann der Kopf der Zecke abbrechen und im Körper des Anolis steckend für eine schwere Entzündung der Bißstelle sorgen. Die Wunde wird hinterher mit Jodtinktur oder ähnlichem versorgt und das Terrarium wie beschrieben gereinigt und desinfiziert.

Würmer

Würmer, meistens Rundwürmer (Nematoden), werden im Verdauungssystem so ziemlich jedes wildlebenden Rotkehlanolis zu finden sein. Normalerweise machen sie sich kaum bemerkbar, es sei denn, das betreffende Tier gerät unter Streß, und die Würmer beginnen mit einer rapiden Vermehrung. Sie können der Grund dafür sein, weshalb ein Anolis enorme Futtermengen verschlingt und dabei noch an Lebendmasse verliert. Als effektivstes Mittel ist für diesen Fall Piperazin bekannt, allerdings ist die korrekte Dosierung bei so kleinen, leichten Echsen recht schwierig. Es empfiehlt sich bei Anzeichen für einen Wurmbefall einen Tierarzt mit der Untersuchung einer Kotprobe zu beauftragen. Er wird dann auch das richtige Mittel und dessen korrekte Anwendung empfehlen. Wer auf eine wirklich saubere Haltung und eine gute Futterqualität achtet, wird sich mit einem solchen Problem kaum belasten müssen.

Protozoen

Protozoen sind einzellige Lebewesen, die ebenfalls das Verdauungssystem von Rotkehlanolis befallen können. Sie sind nur durch eine mikroskopische Kotanalyse nachzuweisen und können dem Organismus der Echse schweren Schaden zufügen. Metronidazol hat sich hierbei als sehr wirksam erwiesen. Das letzte Wort sollte jedoch in einem solchen Fall der Tierarzt haben. Die Symptome können undeutlich sein, doch sind Durchfallerscheinungen, Inaktivität und Appetitlosigkeit häufige Anzei-

Absonderung eines faulig riechenden, käsigen Sekrets begleitet werden. Dieses entsteht durch Bakterien, die die Maulschleimhäute zersetzen. Als erste Gegenmaßnahme werden die befallenen Stellen vorsichtig mit einem Wattestäbchen und Wasserstoffperoxyd gesäubert und anschließend mit einer antiseptisch/antibakteriellen Salbe wie Betadin behandelt. Auf diese Weise können übrigens auch Verletzungen der Haut und leichtere Fleischwunden behandelt werden. In jedem Fall muß das betreffende Tier von anderen

Die Schnauze eines Tieres weist eine Verletzung auf, die in Maulfäule ausarten könnte.
Foto: Michael Gilroy

chen. Auch hier beugen eine optimale Haltung und Ernährung einer Behandlung vor.

Maulfäule

Maulfäule ist bei Rotkehlanolis sehr selten, kann aber durch eine Verletzung im Nasen- oder Kieferbereich entstehen. Sie macht sich durch rötliche Entzündungen im Zahnfleischbereich bemerkbar, die von der

getrennt und für die Dauer der Behandlung unter Quarantänebedingungen gehalten werden.

Verdauungsstörungen

Verdauungsstörungen lassen sich schlecht diagnostizieren. Die möglichen Gründe für Futterverweigerung, Masseverlust, durchfallartigen Kot oder ausbleibende Verdauung sind so vielzählig, daß eine korrekte

Diagnose eigentlich nur von einem Tierarzt gestellt werden kann. Streß ist ein häufiger Auslöser für solche Erscheinungen. Zu stark besetzte Terrarien führen zur Unterdrückung schwächerer Tiere, was unter Umständen in einer Futterverweigerung resultiert. Zu niedrige Haltungstemperaturen hindern den Organismus des Tieres an einer schnellen und kompletten Verdauung, was zu un- oder anverdauten Nahrungsresten im Darm führt, die dort in Fäulnis übergehen und für schwerste Schäden sorgen. Zu viele Mehlwürmer können ernste Verstopfungen bis hin zu Darmverschlüssen zur Folge haben. Viele Vitamin- oder Mineralstoff-Mangelerscheinungen machen sich zuerst durch einen nachlassenden Appetit bemerkbar.

All diese Angaben zeigen, daß im Fall von Verdauungsstörungen zuerst die Haltungs- und Ernährungsbedingungen überprüft und gegebenenfalls korrigiert werden sollten. Ist der Grund hier nicht zu finden, bleibt nur der Weg zum Tierarzt. Um solche ernsten Erkrankungen zu vermeiden, ist Vorbeugung immer noch die beste Medizin.

Generell müssen Tiere mit möglichen Krankheitsanzeichen oder Außenparasitenbefall umgehend von anderen abgesondert und in eine Quarantänehaltung überführt werden. Mit anderen vergesellschaftete Tiere bedürfen einer genauen Beobachtung und müssen nötigenfalls abgetrennt werden. Die betreffenden Terrarien benötigen eine Generalreinigung einschließlich Desinfektion. Ist man sich nicht sicher, ob sich ein Einrichtungsgegenstand wirklich rückstandslos säubern und wiederverwenden läßt, ist es in jedem Fall besser, diesen auszutauschen.

Obwohl es noch vor einigen Jahren ausgesprochen schwierig war, einen spezialisierten, mit Reptilien und deren Krankheiten vertrauten Tierarzt ausfindig zu machen, ist das heute vergleichsweise einfacher. Mit zunehmendem Interesse an der Terraristik haben auch immer mehr Tierärzte angefangen, sich mit diesem Gebiet der Tiermedizin auseinanderzusetzen. Terraristische Vereine können hierbei mit einer guten Adresse behilflich sein.

Es gibt Terrarianer, die nicht bereit sind, für die Behandlung eines relativ preiswerten Tieres das Geld für eine vergleichsweise hohe Tierarztrechnung oder nicht ganz billige Medikamente auszugeben. Auch ein Rotkehlanolis ist jedoch ein Lebewesen und kein Gebrauchsgegenstand, den man wegen zu hoher Reparaturkosten wegwirft und durch einen neuen ersetzt - ein Lebewesen sollte nicht nach seinem Anschaffungspreis bewertet und dementsprechend "billig" behandelt werden. Wer also der Ansicht ist, daß ein in der Anschaffung preiswertes Reptil die Kosten für eine medizinische Versorgung nicht wert ist, der sollte einem Schach- oder Tennisclub beitreten, seine Hände aber aus der Terraristik heraushalten.

Falls bisher der Eindruck entstanden sein sollte, daß der Rotkehlanolis der einzig haltbare und vermehrbare Vertreter der Gattung *Anolis* ist, so sollen die letzten Seiten Buches dazu beitragen, diesen Eindruck zu revidieren.

Obwohl der Rotkehlanolis die einzige natürlich verbreitete Art der Gattung in den Vereinigten Staaten ist, existieren dort noch sechs andere, eingeschleppte Arten. Sie leben zum größten Teil im südlichen Florida und tauchen gelegentlich ebenfalls im Handel auf. Neben diesen insgesamt sieben Arten sind weitere 250 bekannt, deren Verbreitung sich von Mexiko über die Karibischen Inseln bis in den Norden Südamerikas hinein erstreckt. Die weitaus meisten davon sind nur selten in der Terraristik vertreten.

Ritteranolis *(Anolis equestris)*

Ritteranolis *(Anolis equestris)* sind imposante Tiere, die auf Kuba zu Hause sind. Ein Männchen dieser Art kann eine Gesamtlänge von 50 cm erreichen, wovon ein ziemlich großer Teil auf den ungewöhnlich massigen Kopf entfällt. Ritteranolis sind leuchtend grün und zeigen jeweils einen gelben Streifen unterhalb des Auges und einen zweiten über jeder Schulter. Die Schuppen sind im Vergleich mit denen anderer Arten ausgesprochen groß und damit dem kräftigen Körperbau proportional gut angepaßt. Diese Art kann kräftige und schmerzhafte Bisse austeilen. Ritteranolis sind in den USA überwiegend aus der Gegend von Miami in Florida bekannt. Obwohl alle Anolis gute Kletterer sind, bewegen sie sich eher in niedrigeren Höhen, wohingegen der Ritteranolis oft nur ganz hoch oben in den Baumkronen zu entdecken ist.

Zur Haltung dieser Art sind Terrariengrößen unter 250 Litern Fassungsvermögen nicht geeignet. Ihr Verhalten untereinander ist recht aggressiv, weshalb man die Tiere außerhalb der Paarungszeit generell getrennt halten sollte. Bei der Vergesellschaftung mit anderen, gleichgroßen Echsen, die weitgehend dieselben Haltungsansprüche stellen, gibt es allerdings keine Probleme - nur ist eine solche Haltung nicht unbedingt zu empfehlen. In gar keinem Fall dürfen sie mit Rotkehlanolis zusammengehalten werden, denn dieser "Riese" unter den Anolis hat vor seinen kleineren Verwandten nicht den geringsten Respekt - er betrachtet sie als willkommene Zwischenmahlzeit.

Wie alle anderen Arten ist auch der Ritteranolis sehr aktiv und besitzt einen schnellen Stoffwechsel. Um diese Vielfraße bei guter Figur zu halten, sind große Futtermengen erforderlich. Sie bevorzugen viele große Grillen, ausgewachsene Grashüpfer oder Heuschrecken und gelegentlich nestjunge Mäuse, die gerade den ersten Fellwuchs zeigen. Frischgeborene, nackte Mäuse, sind für ausgewachsene Ritteranolis beinahe schon zu klein. Außerdem ist diese Art dafür bekannt, größere Mengen von Früchten zu vertilgen. Einige Exem-

Ein junger Ritteranolis *(Anolis equestris)* aus Florida. Foto: R.D. Bartlett

plare zeigen eine ausgesprochene Vorliebe für Weintrauben.

Verfügt man über das nötige Platzangebot und kann dem Appetit dieser Tiere mit ausreichenden Futtermengen begegnen, sind sie wirklich interessante und beeindruckende Pfleglinge.

Jamaicaanolis
(Anolis garmani)

Der Jamaicaanolis *(Anolis garmani)* ist eine ausgesprochen hübsche Echse. Sie gehört ebenfalls zu den großen Anolisarten, wird jedoch nicht annähernd so groß wie *Anolis equestris*. Die Art erreicht eine Gesamtlänge von 28 cm, wobei die Weibchen einige Zentimeter kleiner bleiben. Männliche Tiere zeigen eine leuchtend grüne Körperfarbe, von der sich manchmal andeutungsweise Bänder auf den Flanken abzeichnen. Vom Nacken bis zum Schwanz verläuft auf der Rückenmitte eine Reihe aufrechtstehender, kammartiger Schuppen, d.h. ein Rückenkamm. Die Kehlfahne ist leuchtend gelb gefärbt und kann ein orangefarbenes Zentrum aufweisen.

Die Weibchen sind ebenfalls grün, die Bänder auf den Seiten fehlen allerdings völlig, jedoch verläuft stattdessen eine Reihe von Punkten über den Rücken. Auch hier handelt es sich um eine stark arboricole Art, deren Pflegeansprüche denen des Ritteranolis entsprechen. Der einzige Unterschied besteht darin, daß Jamaicaanolis die bemerkenswerte Leidenschaft für Früchte der Ritteranolis nur bedingt teilen.

Brauner Anolis *(Anolis sagrei)*

Der Braune Anolis *(Anolis sagrei)* ist inzwischen so weit verschleppt worden, daß man eigentlich nicht mehr genau sagen kann, wo sich sein ursprüngliches Verbreitungsgebiet einmal befunden hat. Heute kann die Art auch in den meisten Teilen Floridas sowie im äußersten Süden von Texas gefunden werden. Vermutlich gelangten sie als "blinde Passagiere" auf Frachtschiffen aus der Karibik in die Vereinigten Staaten.

Die Männchen dieser Art wachsen bis auf eine Länge von 22 cm heran, von denen etwa zwei Drittel die Schwanzlänge bilden. Weibchen erreichen dagegen nur die Hälfte der Gesamtlänge der Männchen. Wie der Name schon andeutet, besitzen diese Anolis bemerkenswerterweise eine braune Grundfarbe, die bei den Männchen durch weißliche Flankenbänder und bei den Weibchen durch helle, rhombenartige Zeichnungselemente auf dem Rücken aufgelockert wird. Beide Geschlechter zeigen am Hals einen weißen Streifen, der von den Rändern der Kehlfahne gebildet wird und ebenfalls braun oder auch gelb und sogar rot sein kann.

Braune Anolis sind ausgezeichnete Terrarientiere, die im Vergleich mit den Rotkehlanolis noch anpassungsfähiger sind.

Ein Pärchen von *Anolis garmani* (Jamaicaanolis). Foto R.D. Bartlett

Es hat sogar den Anschein, als würden sie in einigen Teilen Floridas für die Ausrottung des Rotkehlanolis sorgen. Ihre Haltungsansprüche unterscheiden sich nicht von denen der Rotkehlanolis, und sie können in ausreichend großen Terrarien sogar gemeinsam gepflegt werden. Braune Anolis halten sich überwiegend auf dem Boden auf, wo sie sich gerne unter Rinden- oder Holzstücken verstecken, wenn sie sich bedroht fühlen. Trotzdem sind sie gute Kletterer, machen von dieser Fähigkeit aber nur selten Gebrauch. Sie beanspruchen keine sehr hohe Luftfeuchtigkeit, können also vergleichsweise trocken gehalten werden.

Dickkopf-Anolis *(Anolis cybotes)*

Männliche Dickkopf-Anolis *(Anolis cybotes)* erreichen eine Gesamtlänge von etwa 20 cm; die Weibchen sind gewöhnlich schon mit 12 cm ausgewachsen. Obwohl es sich hier um keine besonders großwüchsige Art handelt, zeichnen sich die Männchen durch eine erstaunlich stattliche Erscheinung aus. Sie besitzen einen Rückenkamm, der im Nacken am stärksten ausgeprägt ist und den

matet - der Insel, die Haiti und die Dominikanische Republik umfaßt - ist *Anolis cybotes* heute in Süd- Florida ebenfalls häufig anzutreffen. Seine Pflegebedingungen entsprechend annähernd denen des Braunen Anolis.

Zaunanolis *(Anolis distichus)*

Der Zaunanolis *(Anolis distichus)* ist mit einer Adultlänge von nur 12 cm zwar ein kleiner, dafür aber hübscher Anolis. Da mehr als die Hälfte der Gesamtlänge auf den Schwanz entfällt, könnte man ihn als Winzling bezeichnen. Er ist schlammgrau gefärbt mit schmalen, schwarzen, zickzackförmigen Zeichnungselementen auf der Körperoberseite und dunklen Bändern um Beine und Schwanz. Er besitzt eine gelbe Kehlfahne, ist in seinen Bewegungen sehr schnell und gehört zu den stark arboricolen Anolis.

Obwohl sich diese kleine Echse bei einer Ernährung mit frischgeschlüpften Mehlwürmern und Mikrogrillen gut im Terrarium pflegen lassen würde, ist sie dort nur selten anzutreffen. Eine Vergesellschaftung

Der Braune Anolis *(Anolis sagrei).* Foto: R.T. Zappalorti

Kopf so größer erscheinen läßt - daher auch der Trivialname Dickkopf-Anolis.

Männchen können auf der bräunlichen Grundfarbe nahe der Vorderbeine grüne Flecken zeigen; die Farbe der Kehlfahne ist gelb. Ursprünglich auf Hispaniola behei-

mit jungen Rotkehlanolis wäre möglich, da beide Arten dieselben Haltungsansprüche stellen. Trotzdem ist von einer Vergesellschaftung abzusehen, denn Zaunanolis sollten wie alle anderen Echsenarten stets nur mit gleichartigen Tieren gemeinsam

Ein Zaunanolis *(Anolis distichus)*. Foto: R.D. Bartlett

gehalten werden. Das Originalverbreitungsgebiet der Zaunanolis liegt auf den Bahamas und der Insel Hispaniola.

Kammanolis *(Anolis cristatellus)*

Als letzte der sechs in die USA eingeschleppten Arten ist noch der Kammanolis *(Anolis cristatellus)* zu erwähnen. Die Männchen dieser Art erreichen Gesamtlängen von 17 cm, von denen 10 cm auf die Schwanzlänge entfallen. Wie gewöhnlich sind die Weibchen etwas kleiner. Außerdem besitzen die Männchen einen vergrößerten Rückenkamm, der auf dem Schwanz höher ausgebildet ist als auf dem Rücken. Sie sind schmutzigbraun gefärbt und zeigen auf dem Rücken die für die Art typische graue Rhombenzeichnung. Die Kehlfahne kann alle Farbschattierungen zwischen Braun, Gelb und Rot aufweisen - sogar Blau ist möglich. Die Art ist häufig in der Nähe menschlicher Siedlungen zu finden und liebt sonnige, offene Flächen. Die Haltung im Terrarium entspricht der von Rotkehlanolis, allerdings benötigen sie keine ganz so hohe Luftfeuchtigkeit. Die Männchen sind untereinander ziemlich unverträglich und sollten voneinander separiert gepflegt werden. Die Nahrung des Kammanolis besteht aus kleinen Insekten.

Der Kammanolis *(Anolis cristatellus)*. Foto: R.D. Bartlett

Terrarienkundliche Vereinigung und Zeitschriften in Deutschland
Deutsche Gesellschaft für Herpetologie und Terrarienkunde (DGHT) e.V.
Postfach 1421, Locher Str. 18, 53351 Rheinbach, Tel. 02255/6086
Die DGHT ist mit über 5500 Mitgliedern die größte terrarienkundliche Vereinigung der
Welt. Mitglieder erhalten die Zeitschriften „SALAMANDRA" und „elaphe". Außerdem
erscheint vierteljährlich das „Anzeigen Journal" - hier können Mitglieder Tiere suchen
oder abgeben. Die Anzeigen sind kostenlos. In vielen Städten treffen sich monatlich Regio-
nalgruppen. Weitere Angebote: Kopien- und Beratungsservice, Tagungen.
Weitere deutschsprachige Zeitschriften:
„herpetofauna": herpetofauna-Verlags GmbH, Postfach 1110, 71365 Weinstadt
„SAURIA": Terrariengemeinschaft Berlin e.V., Barbara Buhle, Planetenstr. 45, 12057 Berlin